办事有

章法

5步方能办好事

杨 冰◎编

图文版

红旗出版社

图书在版编目（CIP）数据

办事有章法 / 杨冰编. —北京: 红旗出版社, 2020.3

（机关有机关丛书）

ISBN 978-7-5051-5124-6

Ⅰ.①办… Ⅱ.①杨… Ⅲ.①工作方法 Ⅳ.①B026

中国版本图书馆CIP数据核字 (2020) 第008427号

书　　名	办事有章法			
编　　者	杨　冰			
出 品 人	唐中祥	总 监 制	褚定华	
责任编辑	朱小玲	封面设计	张合涛	
出版发行	红旗出版社	地　　址	北京市沙滩北街2号	
邮政编码	100727	编 辑 部	010-57274497	
发 行 部	010-57270296			
印　　刷	北京温林源印刷有限公司			
成品尺寸	690毫米×980毫米　1/16			
字　　数	200千字	印　　张	14.75	
版　　次	2020年5月第一版	印　　次	2020年5月第一次印刷	
ISBN 978-7-5051-5124-6		定　　价	48.00元	

欢迎品牌畅销图书项目合作　联系电话：010-57270270

凡购本书，如有缺页、倒页、脱页，本社发行部负责调换

目录
MULU

第1步

善谋事——办事的准备

第2步

能办事——办事的条件

第3步

会办事——办事的执行

第4步

办成事——办事的技巧

第5步

会复命——办事的结果

附录：常见具体事务的办理章法

善谋事

——办事的准备

办事是一门学问，更是一门艺术。办事无章法，没艺术，即使最简单的事情，也会办坏；即使最优秀的计划也会成为镜中花，水中月。因而，掌握办事的章法，是我们工作必备的素质。

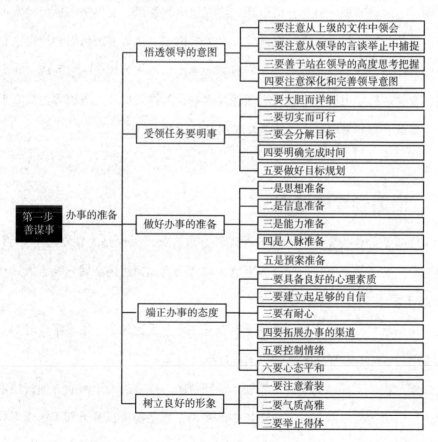

第一步
善谋事 — 办事的准备

- 悟透领导的意图
  - 一要注意从上级的文件中领会
  - 二要注意从领导的言谈举止中捕捉
  - 三要善于站在领导的高度思考把握
  - 四要注意深化和完善领导意图
- 受领任务要明事
  - 一要大胆而详细
  - 二要切实而可行
  - 三要会分解目标
  - 四要明确完成时间
  - 五要做好目标规划
- 做好办事的准备
  - 一是思想准备
  - 二是信息准备
  - 三是能力准备
  - 四是人脉准备
  - 五是预案准备
- 端正办事的态度
  - 一要具备良好的心理素质
  - 二要建立起足够的自信
  - 三要有耐心
  - 四要拓展办事的渠道
  - 五要控制情绪
  - 六要心态平和
- 树立良好的形象
  - 一要注意着装
  - 二要气质高雅
  - 三要举止得体

古人说："不谋万世者，不足谋一时；不谋全局者，不足谋一域。"毛泽东同志也说过："没有全局在胸，是不会真的投下一着好棋子的。"

谋事就是想事，就是加长领导的手、加大领导的脑、加亮领导的眼，减少领导的工作量、减少领导的工作失误。

机关干部的助手位置决定其工作处在被动的一面，许多工作特别是临时性、事务性工作有时难以预料。但是，自己主管的业务和常规性工作，以及一个时期的中心工作确定后，自己可能承担的任务，还是可预测的。我们只要做到眼勤、脑勤、嘴勤、手勤、腿勤，事事比别人早想一点，先走一步，提前准备，就能变被动为主动，走出"围着指示转""跟着感觉走""临时抱佛脚"的被动窘境，避免仓促上阵。要有超前的意识，要早想多思，经常根据自身的职责，认真思考与自己工作有关的情况，比如上级可能会给自己布置什么任务，提出什么要求，如何根据本单位、本职工作实际去完成；在完成任务的过程中可能会出现什么问题和困难，怎样解决和克服等等。只有平时有准备，领导需要什么，才能及时地拿出什么。

一、悟透领导的意图

机关干部作为党委、领导的参谋和办事人员，无论是为领导起草讲话、拟制公文，还是完成领导交办的事情，都会遇到如何正确把握、领会领导意图的问题。

所谓领导意图，主要是指领导在布置工作、下达任务、发出指令时的本意或精神实质，希望达到某种目的或标准的打算。

作为机关干部，能不能正确领会领导意图，这是机关干部能否创造性地把上级的指示命令落实到实际工作中的基础，也是衡量机关干部工作能力和成绩的一个尺度。

　　由于领导交代意图的时机、场合和方法不同，领会起来有难有易，方法也不尽相同。有的意图十分明确、具体，有的则比较笼统、模糊。对只交代大体思路或基本想法的意图应如何领会？应注意把握以下几点。

（一）注意从上级的文件中领会

　　上级党委、领导机关下发的各类文件，是领导对各项工作的部署和规划，基本反映了上级意图和决心。各类文件是机关干部获取领导意图的主要依据和基本途径。因此，机关干部必须结合自己分管的具体工作把握意图，才能确保其针对性。

（二）注意从领导的言谈举止中捕捉信息

　　平时，领导的发言和口头交代，是领会领导意图的主要途径。领导的设想、主张，大都要通过言谈阐发出来。无论是与领导一起检查工作、参加会议，还是在处理日常事务中，对领导的发言以及主要观点和主张，要注意准确记录下来，特别是对领导的口头交代，更要全面记录、反复领会。另外，对领导在各种非正式场合的谈话，平时比较零碎的看法、意见等，也要"善闻其言"，注意收集。这些虽然一时可能用不上，但往往是形成领导意图的重要过程和内容，准确把握就能为及时、准确捕捉领导意图打下基础。另外，无论是领导亲自撰写的文稿，阅读各种文件、报刊的批示、阅示，还是为下级人员草拟材料提出的修改意见，都常常是领导对某一问题的思想和观点的反映。我们只有悉心研究领导者的这些反映，才能从中把握其思想本质，洞察其意图，为办好事做好准备。

（三）善于站在领导的角度思考把握问题

　　我们常有这样的体会，如果看问题立足点不同，对事物的看法和结论也往往不同。领会领导意图时，如果站在自己分管工作的局部看问题，往往导致理解层次偏低、得出结论片面。若立足点与领导保持一致，就容易正确理解和把握领导意图。同时还必须做到与领导同步思维。善于围绕领导的主要观点，按照其原有的思路进行思考，并以此为主线反复琢磨、领会，把领导的思想和意图拿准吃透。这样，我们在办事时，才不会走弯路。

（四）注意细化和完善领导意图

我们在领会领导意图时常有这样的情形，就是由于工作忙、头绪多，领导传达意图时，往往只是一些零碎的观点和初步设想，作为领导的"参谋"，在这方面就应充分发挥自己的聪明才智，进一步细化领导意图，并根据时间的发展及主客观条件的变化，使领导意图不断得到丰富和完善，遗漏的予以弥补，偏差的予以校正。特别在理解重要问题时，更要多问几个"为什么"，多联系背景条件进行分析、综合、提炼、概括，得出符合领导意图的结论，为深化领导的意图提供保证。要创造性地领会好领导意图，必须努力提高自己的思维层次，拓宽思维渠道，善于集思广益，不断积累学习，否则就难以向领导交出满意答卷。

总之，善谋事，就要善于领会领导意图。它要求机关干部不仅要具有聪慧的头脑、敏捷的思维、细致的观察力，而且更要有正确领会党的方针政策的觉悟，以及对下面实际情况的真实了解。准确领会、把握领导意图的过程，是一个在学习实践中不断摸索、积累、总结、提高的过程，不可能一蹴而就，我们必须坚持不懈地在干中学，在学中干，不断提高领会、把握领导意图的技巧，提高办事的本领，提高工作的质量。

二、受领任务要明事

我们受领任务后，首先要明事，就是明确办事的目标。这个目标要具体可行。

（一）大胆而详细

在办事时，我们要制定一个大胆而详细的目标。所谓大胆，就是这个目标要令人振奋，可以起到激励作用；所谓详细，就是在制定目标时要科学合理，具体可行，不能好高骛远。

（二）切实而可行

办事制定的目标应切合实际情况，且与长期目标一致。只有切合实际情况，这个目标才可靠可行，才具有行动指导和激励的作用。

（三）会分解目标

办事的目标就应该像金字塔一样从低到高。先建立一个个小目标，然后完成小目标之后就是中目标，最后到达顶尖，完成终极目标。

（四）明确完成时间

应该为自己的目标设立期限，这样才会有危机感，集中精力，开动脑筋，调动自己和他人的潜力，为实现目标而奋斗。如果没有明确具体的目标和时间，就难免注意力不集中，办事效率低下。

（五）做好目标规划

要设定每季、每月、每周、每日的工作计划，集中精力去实现每一个阶段的目标。

三、做好办事的准备

福特汽车公司的创始人亨利·福特说过这样一句话："做好准备，是成功的首要秘诀。"充分的准备，对于任何行动来说无疑是必需的。

（一）思想准备

无论做任何事，我们都要有持之以恒的耐心和不妥协、不退缩的勇气。只有先做好思想上的准备，我们才能拥有一个积极的心态，才会有一个好的开始。

（二）信息准备

我们不仅要正确地认识自己，有自知之明，还要了解事情发展的状态，对对方了如指掌。因此，在办事前，我们要收集信息，掌握对方的情况。只有这样，我们才有能力应对复杂的环境和问题，才能把事情办好。

（三）能力准备

要使自己始终立于不败之地，在平时就应当加强学习，给自己充电，具备相当的专业知识和技能，拥有宽广的视野和掌控大局的综合能力。

（四）人脉准备

团结的力量是无穷的。很多时候，一个人单枪匹马很难成事。这就需要我们在平时与人交好，结交众多比我们优秀的人，当你求人办事时，才能有贵人相助，不至于像无头苍蝇一样乱撞。

（五）预案准备

要想把事情办成、办好，办事之前一定要精心统筹、精心谋划、精心设计、精心安排，把繁杂的工作头绪理清理顺，做到全局在握、胸有成竹、心中有数，增强工作的严密性、条理性，切忌脚踩西瓜皮——溜到哪里算哪里，随意干、打乱仗。因此，在受领任务后，一定要紧紧围绕领导的指示意图，深谋细划，先拿出一个办事的具体方案来，简单的事可在心中打个腹稿，复杂的事则要见之于文字，有的还要形成一个办事程序图表，切实把要办的事务如何处理，从哪里入手，先办什么，后办什么，包括每个小环节、小细节、小事情、小部位都要考虑得十分周密，并要尽量估计可能发生的意外、困难、矛盾和不协调因素，本着从难处着想、向好处努力的原则，逐个逐项想出解决办法，个别的还要多预设几套方案，做好多手准备，真正想在前、谋在先，防止仓促上阵、"瞎忙乎"。

四、端正办事的态度

决定一个人能否办成事，一个重要的因素就是态度。态度，控制着人的行为和思想，决定着人的视野和成就。

（一）具备良好的心理素质

许多人在办事时容易产生这种心理：既想求人帮忙，又怕被人拒绝；既想谈出自己的想法，又怕被人轻视；事先尽管做好了准备，可是一到实际运用时就什么都讲不出来了，面前一片空白，不知怎么办好。而一旦离开这种场合，所有的感觉又都正常了。这种现象经常出现在自卑感比较强的人身上。这种自卑感强的人在办事时比较容易遭受失败。因此在办事前应对自己和对方多加分析，通过比较找出自信。平时则应多跟人交谈，多参加社会活动，在社会活动中充实自己，使自己树立起自信的心态，具备良好的心理素质。

（二）建立起足够的自信

自信是办事成功的动力。如果一个人总认为自己不行，要办的事太难，则他必然办不成功；反之，如果他觉得自己行，要办的事在自己的能力范围之内，则会使出浑身解数，最后必然成功。总而言之，办事时最需要的就是胆大心细，充满自信。

（三）有很强的耐心

办事时无论遇到多么困惑的情况，也要有耐心。如果你觉得异常急躁，则可对自己说"没什么可急躁的，平静下来"。同时去想一些非常平静的画面或事，将思绪带离现在的处境，你就会非常有耐心，保持平静，成功的把握也就多了几分。急躁使人偏离正确的判断，容易给人造成不易接近的印象。当你丧失耐心时，同时也丧失了别人对你的支持。暴躁易怒的人，朋友会越来越少。保持平静心态的另一个诀窍是充满幽默感，善于将尴尬转化为幽默的人不但聪明，而且招人喜爱。实践证明，有耐心的人向人展示的不仅是平静，而且还是一种修养。

（四）拓展办事的渠道

办事时的具体表现往往是多种多样的，知识多、情趣广的人在办事过程中能给人留下深刻印象，增加别人对你的亲切感。如果一个人不会普通的交际手段，就很难在办事过程中与人沟通，从而使人产生距离感，因而容易失败。例如，你和大家一起去唱卡拉OK，大家都在热闹地唱歌、交谈，你却独自坐在那里出神，这时在大家心目中你必定很怪异。因此，学会正常的交际手段是必要的。此外，懂得一定的社交礼仪也是必要的。例如，怎样与人打招呼、寒暄，怎样知晓一些通常的仪式，坐立行的姿态该怎样，都很重要。多掌握一些这方面知识，可以让你在办事时潇洒自如。

（五）学会控制情绪

情绪是办事成功的催化剂。轻松而稳健的情绪会给你带来意想不到的成功效果，而暴躁发怒却会使你很快失败。办事成功需要很强的自控力，需要有处变不惊的素质。学会自制，最主要的是经常将自己放在别人的位置上想一想，有时自己被激怒并不是对方故意的，而是无意的行为，这时如果自己闹情绪就显得不好相处。如果你的脾气比较暴躁易怒，那么至少在办事时应有意识地克制，办完事之后再寻找发泄途径，这种途径必须是无损于你和他人关系的。当感到愤怒时，一定要竭力避免冲动以导致恶性后果，你不妨尝试喝一口茶，压制一下怒气。还有一个办法是数数，基本数到10，就差不多消气了。

（六）心态要平和

托人办事时难免会遭到冷遇，遇到冷遇时应用合适的心态来对待。不要因为受到冷遇而怨恨不已，这样只会误事。遭到冷遇应视不同情况采用不同手段应对：

第一种是由于自我估计错误造成的冷遇。无论是对自己估计过高还是过低，都容易给对方造成错觉，认为你不诚实，从而导致冷遇。在这种情况下，应首先对自己重新分析、判断，摆正自己的位置，及时纠正对方的看法，这样冷遇就会缓解。

第二种是由于对方考虑欠佳，不经意造成的冷遇。如果受到这种冷遇，你不应过分计较，因为每个人平时都生活在多重人际关系中，你无权要求别人随时照顾到你的存在。毕竟人们难以面面俱到，遭受这种冷遇是难免的，你应充分理解，不要因此弄僵与对方的关系。

第三种是对方故意给你冷遇和难堪。对于这种情况，你应努力克制愤怒，不论对方如何冷落你，你仍然热情地与之交往，使对方慢慢对你好起来。

五、树立良好的形象

在社会心理学上，有一个首因效应，是说人与人第一次见面时产生的印象，会长久地存在对方头脑里，并在以后的交往中占据着主导地位。

决定一个人第一印象好坏的因素有很多，其中55%体现在外表的穿着打扮上，38%体现在肢体语言，而语气和谈话内容只占7%。一位杰出的礼仪专家曾说过："办事要从学会打扮开始。"由此看来，一个人要时刻注意自己的外在形象，在面对别人时，一定要始终衣着整洁得体。这不仅有利于树立良好的自我形象，也是对别人的一种尊重。

同时，一个人还要注意自己的肢体动作，要从细节入手，做到谦虚有礼。一个人举止文雅，落落大方，就能给人留下深刻良好的印象。好的形象不仅能帮助一个人得到良好的社会声誉，而且也会成为这个人办事时的垫脚石。因此，我们应该随时随地注意自己的形象。

（一）注意着装

与人初次见面的前10秒钟，对方的心里就会对你有一个初步的印象或者评价，这主要来源于你外在的容貌和穿着打扮。中国人经常讲"相由心生"，别人通过你的外貌和打扮，就可以猜测你的内心。无论你外表美不美，你的穿着打扮一定要整洁、得体，这样会让对方，尤其是属于"外貌协会"的人非常乐意与你交谈。

（二）气质高雅

见面时最佳的气质就是给别人最好的礼物。因此，在平时一定要注重内在的修养，提升你的气质。这样，即使你的外貌不出众，穿着打扮不精美，但是，只要你精神状态好、气质佳，就可以掩盖外在的不足。

（三）举止得体

在与人交谈时，态度要自然、诚恳，给人一种你值得信赖的感觉；要善于与人沟通，能够清晰地向别人表达你的想法，给人一种你做事有条理的感觉；在与人相处时，举止要落落大方，对对方要细心体贴，从细节入手，体现你的良好修养，表现出你为人爽直却又细心的个性。

总之，机关干部平时一定要注意提升自己的内在修养。在与别人见面或者办事时，要注意衣着整洁、行为举止得体。

第2步

能办事

——办事的条件

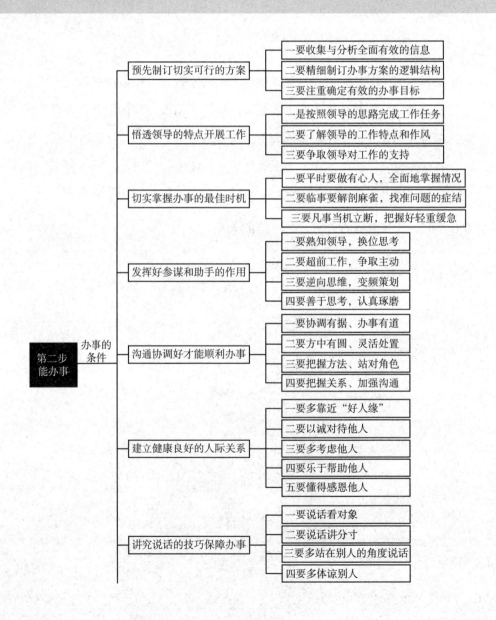

第二步 能办事 — **办事的条件**

- 预先制订切实可行的方案
  - 一要收集与分析全面有效的信息
  - 二要精细制订办事方案的逻辑结构
  - 三要注重确定有效的办事目标

- 悟透领导的特点开展工作
  - 一是按照领导的思路完成工作任务
  - 二要了解领导的工作特点和作风
  - 三要争取领导对工作的支持

- 切实掌握办事的最佳时机
  - 一要平时要做有心人，全面地掌握情况
  - 二要临事要解剖麻雀，找准问题的症结
  - 三要凡事当机立断，把握好轻重缓急

- 发挥好参谋和助手的作用
  - 一要熟知领导，换位思考
  - 二要超前工作，争取主动
  - 三要逆向思维，变频策划
  - 四要善于思考，认真琢磨

- 沟通协调好才能顺利办事
  - 一要协调有据、办事有道
  - 二要方中有圆、灵活处置
  - 三要把握方法、站对角色
  - 四要把握关系、加强沟通

- 建立健康良好的人际关系
  - 一要多靠近"好人缘"
  - 二要以诚对待他人
  - 三要多考虑他人
  - 四要乐于帮助他人
  - 五要懂得感恩他人

- 讲究说话的技巧保障办事
  - 一要说话看对象
  - 二要说话讲分寸
  - 三要多站在别人的角度说话
  - 四要多体谅别人

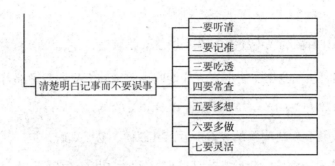

一、预先制订切实可行的方案

我们常说，办事要有目标。为了实现这个目标，我们需要制订切实可行的方案，或者召集同事共同商议完成工作任务的策略。一旦有了初步的工作思路，就开始分头开展工作。

这个时候，作为办事的责任人，最重要的工作不是把自己当作策划人员或者关键执行人员，在最短的时间内完成工作任务，而是要对保证完成此项工作任务的各个因素进行全面的思考，制订一个完整、系统的办事方案，作为指导自己及同事全面推进所办事项有序进行的基础。

美国著名经济学家曼昆曾经说过一句话："科学的本质就是科学的方法。"制订工作方案也离不开正确的工作思路和方法，否则制订出的方案也会是盲目、无序、零散、片面的。

那么，如何才能制订全面、有效、可行的办事方案呢？

（一）收集与分析全面有效的信息

常言道："知己知彼，百战不殆。"要制订一个有效的办事方案，不能闭门造车，除了需要充分了解领导和基层的需求以外，还必须对内外部的消息进行充分的收集、整理和分析，这是制订有效办事方案的基础。

（二）精细制订办事方案的逻辑结构

5W2H法，是第二次世界大战期间由美国陆军兵器修理部首创。发明者用5个以W开头的英语单词和2个以H开头的英语单词设问，以进行设计构思，帮助找到解决问题的线索。后因其简便、易于理解，被广泛应用于企业管理和技术活动中。我们在制订办事方案时，也参考使用5W2H法，可以帮助我们系统、有条理地去思考办好一件事情的原因、目标、时间、地点、具体的工作策略，以及需要参与的人员、需要投入的费用等，不但可以避免思考的盲目性，同时也可以避免疏漏关键因素。

"5W2H"的含义是：

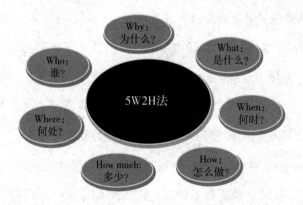

Why：为什么？为什么要这么做？做这项工作的原因是什么？

What：是什么？工作的目标是什么？工作内容是什么？

Who：谁？参与工作的人员有哪些？谁负责？

When：何时？在什么时间段开展工作？什么时间完成？

Where：何处？开展工作的地点在哪里？工作范围多大？

How：怎么做？采用什么方法？如何实施？

How much：做工作的费用是多少？

5W2H法对我们办事方案的制订，具有非常好的借鉴意义。我们在制订办事方案时，不妨参考5W2H法。

（三）注重确定有效的办事目标

制订办事方案时，有必要对"如何确定有效的工作目标"加以特别说明。我们经常制定工作目标，包括年度目标、季度目标、月度目标以及周工作目标，但是很多目标笼统空泛，因此当工作周期结束时，不论是上级还是我们自己根本无法衡量目标是否达成，因此也就无法评估、无法考核工作完成情况。

被誉为现代管理学之父的彼得·德鲁克先生在其《管理的实践》一书中曾写道："真正的困难不在于确定我们需要什么目标，而在于决定如何去设定目标。"那么，如何才能确定有效的工作目标呢？在此给大家介绍目标管理的黄金法则——SMART原则。

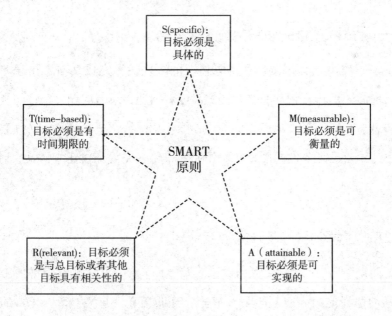

S（specific）：目标必须是具体的。

M（measurable）：目标必须是可衡量的。

A（attainable）：目标必须是可实现的。

R（relevant）：目标必须是与总目标或者其他目标具有相关性的。

T（time-based）：目标必须是有时间期限的。

我们无论是制定工作目标还是绩效考核指标，都必须符合SMART原则，五个要素缺一不可。

二、结合领导的特点开展工作

每个领导有每个领导的特点，机关干部要做好工作，就要了解领导的特点，有针对性地做工作。

机关干部常常被人称为领导的"外脑"，是领导的参谋助手，只有适应领导的特点，才能够真正做到善参能谋，确保各项工作任务顺利完成。

（一）按照领导的思路完成工作任务

许多工作由于其复杂性和实际情况的多变性，完成某项工作任务需要各方面的协同动作，领导站在全局的高度看问题、思考问题，往往与机关干部工作思想有所不同。因而机关干部不能一意孤行，自行其是，必须要明确领导下达给自己任务的意图，按照领导的思路去完成工作任务，以达到总的目的。

（二）了解领导的工作特点和作风

要明确领导的工作意图，适应领导的工作特点，需要有思维的敏感性和准确的选择能力。眉毛胡子一把抓，西瓜芝麻一起捡，留声机式的生吞活剥，舍本逐末，把次要的当成主要的，把主要的当成次要的，是机关干部之大忌。适应领导，还应历史地、全面地了解领导的过去，了解领导的工作特点和作风，进行一番由此及彼的思考和联想，找到其内在的联系，从发展的角度把领导的思想有机地串联起来，全面地适应领导。不同的领导由于其工作的阅历、生活的经历，以及气质、性格的不同，对完成工作的方法、标准的要求也不尽相同。如有的领导讲话喜欢开门见山，直来直去，而不喜欢委婉含蓄，隐晦曲折；有的领导喜欢长篇大论，面面俱到，而不喜欢三言两语，少枝缺叶；有的喜欢谈笑风生，幽默诙谐，而不喜欢庄严古朴，严肃持重，如此等等。机关工作人员在处理公务中，必须适应不同领导的这些特点，务求领导者的意图和实施者完美统一，而不能以我为中心，不注意研究领导的工作风格。

（三）争取领导对工作的支持

机关干部还要尽量做一些"争取领导"的工作，当在工作中对领导的工作特点不尽了解，而工作任务比较急，没有时间去了解领导的工作时，就不能自以为是，擅作主张，应适时向领导请教，争取领导对工作的支持。如主动向领导汇报正在进行的工作进展情况，请领导谈谈自己对工作的设想和要求，及时吸收领导的思想，校正工作中的失误和不足，等等。通过这些措施，"获取"领导的意图，加深对领导工作特点的理解。

三、切实掌握办事的最佳时机

办事时机其实就是要把握办事的"火候"。这里所说的"火候"，是指在事物的发展过程中，最有利于促进事物发展的局势和形势。抓住这一局势，事物的发展就特别顺利，错过了这一局势，开展工作就会事倍功半，甚至事与愿违。

（一）平时要做有心人，全面地掌握情况

在机关工作，要做有心人，事事留心皆学问。要想作好诗，功夫在诗外。作为机关干部要把握好办事的时机，掌握好"火候"，先要把功夫下在平时，做个有心人。

（1）做领会上级精神的有心人。机关的同志，对上级的每一项指示和领导的每一句话，都要及时正确地学习理解，搞清楚其精神实质和意图是什么，基本要求有哪些，这样承办事情才有正确的依据和遵循。

（2）做善抓课题搞调查研究的有心人。机关干部要善于抓住领导关心、对单位目前或长远建设有利、对与本职有关、对提高自身素质有促进的课题，搞好调查研究。

（3）做学习领导、同事、下级工作方法的有心人。机关干部要善于留心别人的工作方法，对照自己的特点，汲取别人的工作经验，才能不断地成熟和进步，才能全面地掌握情况，便于把握时机。同时也要对某些问题做深入的调查了解。早在1941年3月，毛泽东同志在《农村调查》的序言和跋中指出，没有真正具体的了解，真正好的领导是不会有的，要了解情况，唯一的方法是向社会作调查，调查社会各阶级的生动情况，"没有调查就没有发言权"。只有时时事事留心，才能全面地掌握情况；只有经常针对某些问题作调查研究，才能深入透彻地了解情况。也唯有全面透彻地掌握了情况，才能搞清楚优势和有利条件是什么，不利因素和薄弱环节有哪些，并从这些实际出发，研究如何贯彻落实上级的决策和指示，提出合理的意见和切实可行的方案，厘清工作思路，知道什么事可行，什么事不可行；什么时候可行，什么时候不宜行，从而充分地发挥有利因素，把握好时机，做出最有利的决策。

（二）临事要解剖麻雀，找准问题的症结

邓小平同志曾指出，我们做一切工作，目的都是为了解决问题。要很好地解决问题，就要把握好工作时机，也只有把握好工作时机，才能很好地解决问题；同时，还要对具体问题作具体分析，找准问题症结所在，弄清存在问题的大小，已发展到什么程度，这样才能对症下药，把握住"火候"。

1.对领导要尽心

机关干部是为领导提供决策依据、出谋划策、直接办事的成员，对领导务求尽心，时刻牢记领导交代或关注的事情，善于发现、提醒、弥补领导遗忘的事情。这样才能更好地掌握上级精神，明确工作方向，从而把握准工作时机。

2.对本职工作要细心

办事前要统筹协调、充分考虑、合理安排，务求万无一失。办事中出现的漏洞和自身存在的问题，及时弥补，汲取教训。只有对本职工作非常细心的机关干部，才能始终保持清醒的头脑，敏锐地发现问题，及时捕捉住工作时机。

3.对同事和下级要有爱心

机关干部不但对上级和领导要负责，对同事和下级还要有一颗爱心，发现身边同事和下级的缺点和错误，要掌握分寸，出于关心爱护的态度，选择合适有效的方式指出来，这样才能有利于相互提高，建立良好的人际关系，维护好内部团结。只有内部高度团结，关系融洽，才能相互提供或创造更多更好的工作时机。

4.对基层要有一片苦心

时刻关心基层建设，深入基层，多角度、多侧面、多层次、多形式地去观察分析，经常思考基层建设的薄弱环节何在，并总结基层工作中存在的经

验、好的典型，加以推广和宣传。基层是机关工作的根本方向，所有的工作时机都来源于基层，所以，机关干部要深入地了解基层情况。

5.平时检查工作要精心

机关干部要精于本职和相关业务，这样在平时下基层检查工作时，才能及时发现问题，把握好工作时机，进行有效的检查指导。

（三）凡事当机立断，把握好轻重缓急

时机是指某种行为赖以存在和发展的最有利的时间条件。但这种时间和条件，总是稍纵即逝。所以古人讲："机不可失，时不再来。"正因为如此，所以作为机关干部更要审时度势，分清事态的轻重缓急，及时抓住时机。机关既是抓政策落实的部门，也是做决策的机构，在机关工作，没有当机立断的本领，在抓工作落实、做决策、出谋划策时，就会把握不住机遇，坐失良机，造成工作被动，使有利的局面也变得不利，甚至导致全盘皆输。

所以，在机关工作，就必须培养当机立断的本领。机关干部向领导提出建议，要很好地把握住时机，这样才能正确地为领导出谋划策。领导大多是从机关干部成长起来的，如果不从成长初期开始培养当机立断的本领，将来即使走上了领导岗位，在生死攸关的时刻或重大问题上当断不断，贻误良机，留下后患，给国家和单位造成不可避免的损失或影响。因此，当机立断，是每个机关干部所必须培养和具备的基本素质。

四、发挥好参谋和助手的作用

机关干部既是上级指示的执行者，又是具体工作的承办者，同时也是领导决策工作的参与者。因此，必须充分发挥参谋和助手作用，遇事能提供情况，能拿出见解，能想出办法，能给领导当好"谋士"。

（一）熟知领导，换位思考

处于助手地位的机关干部，要尽可能熟悉领导的风格、习惯等，并经常进行换位思考，站在领导的角度思考问题，力求准确领会领导意图，避免无功而为。领导各有不同的思想方法、工作方法、工作作风，而这些又往往反映在领导交代工作任务时的思维和思路中。因此，机关干部平时就要注意熟悉领导在这些方面的不同特点，掌握领导思考问题的思路、心态、脉络。

（二）超前工作，争取主动

对所要完成的任务要首先定好计划，每领受一项工作应提出承办意见，主要方法和进度都应明确，不能想起什么抓什么，干到哪里算哪里，力戒随意性。当工作头绪多感到难以应付时，要抓住主要矛盾，分清主次，区分轻重缓急，重点工作和急办的事项优先办理，重点突破。

（三）逆向思维，变频策划

有的单位、有的部门、有的同志，谋划工作总是跟不上领导的思路，过不了"关"，一个重要原因就是思维单一，缺乏逆向、变频、多层次、多视角地看问题的能力。俗话说："山不转水转""此路不通另辟径"。有这样一个通过逆向变频思维强化管理的故事，一定会给我们一些启迪。美国有个著名的植物园，种满了各种珍奇名贵的花卉，每天都有大批游客前来观赏，但时常有花卉不翼而飞的事情发生。为此，管理人员在植物园大门上方竖起了一块告示牌："凡检举偷窃花卉者奖200美元。"打这以后，植物园再未出现过丢失花卉的现象。有好奇的游客问管理人员为何不写成"凡偷窃花卉者罚款200美元"，管理人员若有所思地答道："如果那样写的话，只能靠我们有限的几个人去看管，而这样，就可能充分调动游客，使几百几千甚至更多的人参与我们的管理，而且还能让动机不纯的人产生一种'四处都有目光'的惧怕心理。"变罚为奖，变管住人人的被动局面为人人参与管理的主动局面，这着实让人拍案叫绝。事实上，这只是源于管理人员转换了思维角度，巧妙地变动了一下管理的支点而已。

（四）善于思考，认真琢磨

机关干部是领导的助手，领导的思路要通过机关干部去落实。而领导的思路有时是方向性、宏观性的，这就需要我们把握好领导的思路，站在领导的高度去认识和分析问题，这样才能准确把握领导的工作意图，高质量地完成好本职工作任务。某单位办公室有位老同志，比主任年龄还大些，由于在机关时间长资历老，于是干事情总喜欢按自己的思路去干，即使领导认为他的想法不对，他也一意孤行，结果经常让领导很被动，他负责的工作也一直难有起色。大家可能会感到这个人的主要问题是不服管，但这只是表面现象，深层的原因还是他在筹划工作时没有跟上领导的思路，起码是没有主动地、有意识地去领会领导的意图。领导往往是站在全局上去思考问题、设计工作的，跟不上领导思路，就意味着你在工作筹划阶段就开始游离于全局之外。如果你的工作总是与全局不合拍，那你最终只能变成"局外人"。这个事例说明，机关干部要想办好事，办成事，就得跳出自身的业务小圈子，站在领导的高度去思考谋划，善于围绕领导的思路去琢磨问题。我们所有的计划、目标，都是思考的产物。思考不是胡思乱想，需要做大量的调查研究，掌握一手材料，坚持不懈地总结积累经验，博览群书充实自己，需要耐得住寂寞，守得住孤独，于闹中取静。事实证明，善思考，多思考，常思考，勤思考，一定会收获甘美的果实。

实践告诉我们，思维一变天地宽。在我们的现实生活中，有些事情按照垂直单一的思维来运作，可能会很难，但是采取逆向思维或是多向变频式的思维方式来思考谋划，事情往往就会变得不那么难办了，就能由被动变主动，跟上领导意图。

五、沟通协调好才能顺利办事

协调办事是机关日常工作中经常遇到的一个问题，是机关工作的一个基本环节，也是机关干部应当具备的一项业务基本功，一项经常性事务。

协调是为了实现共同目标任务而融洽关系、化解矛盾、达到步调一致的一个行为过程。协调的目的是要让所进行的工作达到理想的结果，这也是协调的原动力。目的明确，才能指向清楚，避免协调的盲目性。矛盾无处不在，协调也无处不在。在实际工作中，之所以会出现诸如因主观因素偏离协调方向、因重点不明影响协调过程等问题，都是因为对协调目的的把握不准。要正确理解和把握协调的目的，必须多时空考虑、全方位衡量，根据领导意图、工作需要和现实情况，做到协调目标明确、指向清楚、重点分明，只有这样才能为协调工作的顺利开展提供良好的开端。

协调办事不仅是一门学问，也是一种艺术，更是一种素质。有效的协调沟通，对于提高工作效能、完成目标任务至关重要。

（一）协调有据、办事有道

就是办什么事情都要讲规矩、讲程序、讲章法，也就是办事要在理，不搞歪门邪道，不违反政策纪律。政策、法规和制度、规定是最根本的协调依据，协调中要绷紧这根弦，不能超出允许的范围，不能拿原则做交易，不能用感情代替政策。领导、机关的指示、命令和要求也是重要的协调依据，协调中不能主观臆断，断章取义，更不能自作聪明，随心所欲。

（二）方中有圆、灵活处置

要注意把原则性和灵活性结合起来，按原则进行协调才能带来更多的灵活性，在实际工作中，能按规定办的要坚决按规定办，对于没有规定的要按惯例办，对于既没有规定也没有惯例的要商量着办。要把握好协调时机是成功协调的关键。把握好时机，协调工作往往事半功倍；错过时机，会给工作带来很大的被动。一方面，要善于预测协调工作中的问题。作为当事人，要对自己协调的工作进行预测，对可能出现的困难和问题，要想清想透应对和解决的办法，增强协调的主动性。另一方面，要增强敏锐性，准确预判协调时机，既不能操之过急，更不能错过最佳的时机，要根据协调事项的轻重缓急和上下级事务，巧妙利用时机进行协调。

（三）把握方法、站对角色

协调方法既有影响教育法、组织调整法，也有当面协调、会后协调、口头协调、文书协调、集体协调、个别协调等多种方法。应根据协调的具体事情具体分析、区别运用。同时要把握协调尺度，避免"杀鸡用牛刀"或"蜻蜓点水"等情况的发生。准确定位和把握协调角色，对于增强协调过程的和谐性，提高协调效能非常重要。要明确基本角色，树立大局意识，避免乱办事、帮倒忙；要多请示汇报、多沟通交流，避免一些不必要的误会发生。

（四）把握关系、加强沟通

一是搞好领导之间的协调。这也是最重要的协调。机关的许多工作，大多涉及全局，很多事情都需要向领导报告，每个领导都可能有自己的态度，这些态度有些可能是一致的，有些可能不尽一致，遇到这种情况，往往就会感到比较难处理。应当怎么协调呢？要把握好这样几条原则：按领导分工负责制协调，谁主管谁负责；按职务高低协调，对不同的意见，依照谁的职务高就按谁的意见办；按兼顾平衡的原则协调，在不违背大的原则的前提下，尽量吸收各方面的意见，对不同的意见尽量照顾到。二是搞好与上级机关的协调。对上级机关的协调，主要是及时请示、汇报工作，积极争取上级机关的支持，特别是要以请示的口气与上级机关讲话，不要大大咧咧。对上级安排的工作，要有时间观念和质量意识，要求什么时间报，必须准时报，不得延误时间。不明白、不清楚的地方要多请示、多报告，不擅作主张。三是搞好机关内部的协调。搞好与部门的协调，工作是大量的、经常性的。协调要以完成任务为目的，围绕怎样把事办好，积极取得对方的支持配合。要注意通报情况、沟通意见，与其他部门、其他机关干部之间建立相互理解、支持、协作、配合的关系。四是搞好与下级的协调。由于工作需要，领导机关与下级打交道是比较多的，机关很多的工作都需要下级的支持配合。交代任务时，要具体明确，不含糊其词，以免导致下级无法落实；要充分考虑下级的承受能力，不搞突然袭击，给下级造成被动。检查工作时，要坚持一碗水端平，不厚此薄彼，不给下级留下处事不公的印象。答复请示时，要坚持原则，严格程序，及时给予回应，不敷衍了事。解决难题时，要真心实意，把下级的事情当作自己的事情去办。五是搞好对外的协调，加强与外单位的沟通，增进感情，密切关系。

六、建立健康良好的人际关系

俗话说："一个篱笆三个桩，一个好汉三个帮。"在我们的工作和生活中，少不了朋友的支持与合作。

工作单位，无论是机关、企业，还是学校，都是许多人为了某种目的而集合在一起，进行一定活动的团体。怎样处理人际关系，就具有十分重要的意义。

（一）多靠近"好人缘"

有时候你可能有过这样的感觉，就是某某人在单位很受欢迎，领导也喜欢他，同事也喜欢他，很有人缘。一个人受到大家普遍喜爱的原因则是千差万别的：或者是因为他诚实可信，值得信赖；或者是因为他沉稳老练，办事踏实；或者是因为他知识丰富；或者因为他机警灵活，善处人际关系，等等。总之，他有某一方面或者许多方面被大多数人认可或接受。

（二）以诚对待他人

诚实是人的第一美德。在古代原始人群的部落里，撒谎是要受到最严厉的惩罚的。在现在的人际交往中，也应该是真心诚意，忠厚老实，心口如一，不藏奸，不耍滑，否则，是不会有真正的朋友的。不要在人生舞台上，披上盔甲，戴上面具去"演戏"；不能像王熙凤那样，"嘴甜心苦，两面三刀，上头笑着，脚下使绊子。明是一盆火，暗是一把刀，都占全了"。也不能像薛宝钗那样"罕言寡语，人谓装愚，安分随时，自云守拙"，对人四面讨好，八面玲珑，城府很深，惯有心机。在机关，做人要真诚坦荡，更要有一些侠骨柔肠，光明磊落，襟怀坦白。

（三）多考虑他人

要学会关心人，爱护人，尊重人，理解人。人与人相处，应当减少"火药味"，增加人情味。在人家最困难的时候要善解人意，急人所难，伸出友谊之手，替人家排忧解难。世界上任意两个人都有自己的立场和想法，如果彼此不迁就，就很难达成共识。如果双方都能够站在对方的立场上考虑一下，那么，彼此就能相互理解，各让一步，问题也就迎刃而解。

（四）乐于帮助他人

我们每个人都不是孤独地活在地球上，需要相互关爱，共同与一些困难、灾难抗衡。我们并不一定要等到自己有足够的能力后才去帮助别人，许多时候别人需要的可能仅仅是我们的举手之劳。帮助别人，什么时候都不早，什么事都不小。所以说，不要吝啬我们的举手之劳。我们需要别人的帮助来完成任务，当然必要的时候我们也要帮助别人。

（五）懂得感恩他人

有两个人在沙漠中行走，正在他们口渴难耐时，碰见一个牵骆驼的老人。老人给了他们每人半碗水，一个人接过这半碗水，愤怒地指责老人过于吝啬，抱怨之下竟将半碗水泼掉了；另一个人接过这半碗水，他深知这一点水难以解除身体饥渴，但他却油然而生一种发自心底的感恩，并且怀着这份感恩之情，喝下了这半碗水。结果，前者因失去这半碗水而死在沙漠之中，后者因为喝了这半碗水，撑了下去走出了沙漠。这个故事告诉我们：对生活怀有感恩情绪的人，心态是平和的，心情也总是很愉快的，即使遇上再大的灾难，也能熬过去。常怀感恩的人，即使遭遇挫折，也会很快战胜挫折，而那些常常抱怨生活的人，他们总是身在福中不知福，即使遇上了福，也不会认为那就是福。现实生活中有一些人，他们这也看不惯，那也不如意，怨气冲天，牢骚满腹，总觉得别人欠他的，从来感觉不到别人和社会对他的生活所做的一切。生命的整体是相互依存的，任何生物都不可能不依赖别的生物而独立存在，无论是父母的养育，师长的教诲，配偶的关爱，他人的服务，大自然的赐予。如果大家都心怀感恩之心，不但社会更加和谐，而且还可以把感恩之心转化为报恩之行，回报工作，回报事业，回报国家。

以下是成功人士根据人际环境来办事的技巧：

（1）别让争端损害了友谊；

（2）偶尔邀请排队排在你后面的人站到你前面；

（3）接受任何指示时至少确认两遍；

（4）可以生气，但要适时适所；以适当方式向适当对象恰如其分地生气；

（5）别太在意你的权利以至忘了你的风度。

七、讲究说话的技巧保障办事

一个会办事的人，一定会讲究说话技巧，懂得注重礼貌，用词考究，不会说出不合时宜的话。机关干部在办事中，说话技巧有着不可估量的作用，它可使你更顺利或以更小代价达到目的。

（一）说话看对象

办事必须看对象说话，了解对方的情况，知道对方底细，这是成事的前提和基础。俗话说："到什么山唱什么歌。"说话不看对象，不仅达不到求人的目的，往往还会伤害对方的面子。要根据对方的身份，确定说话的方式和内容。说话，除了要考虑对方身份以外，还要注意观察对方的性格。一般说来，一个人的性格特点，往往会通过自身的言谈举止、表情等流露出来，对于不同性格的说话对象，一定要具体分析，区别对待。说话，要了解与对方的年龄差异、地域差异、职业差异、文化修养的差异等情况，具体分析、区别对待。

（二）说话讲分寸

说话讲究分寸是办事成功的保障。说话要适量，要懂得把握尺度。其实，有分寸就是有教养，没大没小的不靠谱，只能代表水平比较低。在与人交往、共事中，有没有水平，大家一眼就可以看出来，这种水平是掩盖不住的。所以说话不可以说满，做事不要做绝，能讲分寸就是讲水平，能留余地就是留天地。

（三）多站在别人的角度说话

无论工作或生活中，我们都习惯站在自己的角度，按照自己的思维说话。事实上，"你要别人怎样对待你，你就要怎样对待别人。"这句名言就是对换位说话的准确注解。说话有不同的方式，有不同的技巧。虽然我们无法成为他人，但我们可以站在他们的位置，进入他们的世界，体会他们的感受，从而成为一个拥有广阔胸怀以及受欢迎的人。站在他人的角度思考问题、说话和做事，不仅能化解矛盾，甚至还能成就一个人的未来。当我们说话办事时，遇到与他人意见相异的情况时，不妨也换位思考一番，从对方的角度去考虑问题，设身处地地从对方的角度去思考及处理问题，有可能在我们"山重水复疑无路"时，因为我们的换位思考会让我们进入"柳暗花明又一村"的境界。

（四）多体谅别人

当你急需对方提供帮助，而对方却偏偏有意无意视而不见时，直接求助既显得自己没本事，又可能戳到对方最忌讳的部位，反而招致反感。有时，在提出自己要办的事项时，还要注意把自己的要求同对方的主观需要结合起来，强调自己的要求，并不纯粹为一己之私，而是同时在为对方着想，希望能为对方带来益处。既然这是件两全其美的事情，对方也觉得自己脸上有光，因而很容易答应请求。

八、清楚明白记事而不要误事

机关的许多事务，一般都是根据领导的指示和要求来办理的，即使是本职或业务范围内的一些事务，办理之前大都也要得到领导的指示。

因此，在办事之前，首先要准确无误地受领任务，切实把领导下达任务时的本意和精神实质是什么、要办什么事、找什么人、希望达到的目的是什么、标准是什么、什么时间完成、有什么特别的要求等，都搞得一清二楚、明明白白，不能似是而非、含含糊糊，否则会误事的。这是办成事、办好事的前提和基础。

（一）听清

在领导当面交代任务、做出指示时，要集中精力去听，对于没有听清的地方，要主动询问，也可采取复述、请教等方式，把听到的内容重复一遍，当面验证是否准确领会了领导意图，以便让领导当即指出不准确的地方或错误之处，切忌不懂装懂。

（二）记准

俗话讲，好脑子不如烂笔头。人的精力是有限的，有时又受到外界的干扰，要把什么事情都记住，单凭脑子是不行的，需要借助工具。在诸多工具中，最原始也是最可靠、最基本的工具就是小本子。到领导那里受领任务，要养成随身携带笔和本的习惯，把领导交代的事项尽可能全部记下来，防止遗忘漏失。利用这个小本子主要记录的内容是：

（1）当日自己的主要活动；

（2）本单位的大事；

（3）领导交办的事情；

（4）别人交办的事情或反映的情况；

（5）自己想到的事情和对完成好任务的设想；等等。

（三）吃透

努力与领导站在同一角度、同一高度去同步思维，弄清楚领导指示的真实意图，切忌浅尝辄止、断章取义。

（四）常查

机关干部把事情记下来以后，要经常查看。着急的事马上去办，一般的事列入计划办。需要领导拍板决策的事，及时报告办。一般情况下，一事一记，办完一件勾掉一件。这样，应办之事就不会忘记了，更不会误事了。

（五）多想

有的人习惯于用小本子记事，有的人则不大习惯。有的人即使备有小本子，由于杂事纷纭，也难以全记下来。有经验的人常常采取早晚想一想的办法，不仅可以做到不忘事，还可以利用潜意识解决一些难题。晚上睡觉前，把一天所见、所闻、所干，过一遍"电影"，想一想：今天要办的事办完没有，还有什么不周的地方明天要补办，还有什么事情今天没办明天要办的，明天要新办什么事情。当天的这种回忆，不是事无巨细，而是选其要者，想主要的事情，记下主要的事情——这个记，一是笔记，二是脑记。这种回忆，不是冥思苦想，彻夜不眠，而是在脑子里"过一下"，以不影响休息为宜，否则第二天就没精神工作了。早上起床或上班前，把今天要办的事、昨日遗留的事想一下，特别是对易忘的事和时间性比较强的事，例如几点开会、几点接人、领导几点有什么活动等，要在脑子里过一下，排一下计划，这样一般就不会忘事了。"朝思暮想"，说起来简单，做起来不容易，特别是每天坚持不易，但如果不能做到每天早晚想一想，此术的作用便谈不上了。因此，初时要"强迫"自己早晚想一想，时间久了，形成习惯，就自然了。

每天上班后，除了打扫卫生外，第一件事情就是打开抽屉或保险柜，看一看有没有当天要处理的公文。从实践中看，这一点很重要，往往头一天下班前急匆匆地把未处理完的文件放进了保险柜或抽屉里，第二天若不检查，再有别的事一岔，就可能会忘掉。

每天下班前，看一看办公桌上还有没有没处理完的公文。如果有，请注意放在上面抽屉内，或放在办公桌显眼处，第二天一上班就能看到。需要第二天回复的私人信函，也可以放在装钥匙的口袋里，第二天一开门就会摸到。

每周不妨清理一次办公桌、保险柜，不仅能使物品摆放有序，也可以检查出压在办公桌抽屉内的文件，避免发生某些公文积压的现象。

（六）多做

要做到不忘事，最根本的办法是把事情办了。在一切办法中，做为上。否则，记忆力再强、备忘的方法再多总有疏忽的地方。因此，在平时工作中应贯彻"多做为上"的原则。在具体方法上应注意以下几点：

（1）想到就做。一旦想起了什么事，应赶快做，不然就又可能忘掉。

（2）事情即时做。顺手就可完成的事，即时就办，否则就有可能被其他事打乱而遗忘。例如，有位机关干部正在写材料或正在与人谈话，突然接到一个电话，请他通知甲几点开会，那就不妨赶快拨个电话告诉甲，这件事就算完成了。若放下来，则就可能因为集中精力写材料或谈兴正浓把这件事忘了。

（3）当日事当日毕。一般来说，当天的工作应尽量当天完成。一过夜，有的事情就有可能忘掉。因此，一定要树立当日事当日结的观念。

（七）灵活

一般来讲，当许多工作有冲突时，应先办领导交办的事项；当多个领导交办事项时，应先办要求最急的事；当时间要求都不是特别急的情况下，应先办职务高的领导交办的事项；当领导职务相同而时间要求又不太紧张时，应先办最先受命的事；当有时事务太多，在规定时限内确实难以完成时，就不能硬撑，要及时向领导请示报告，对承办事务做出调整分流，以免"心有余而力不足"，把事情积压耽误。

第**3**步

会办事

——办事的执行

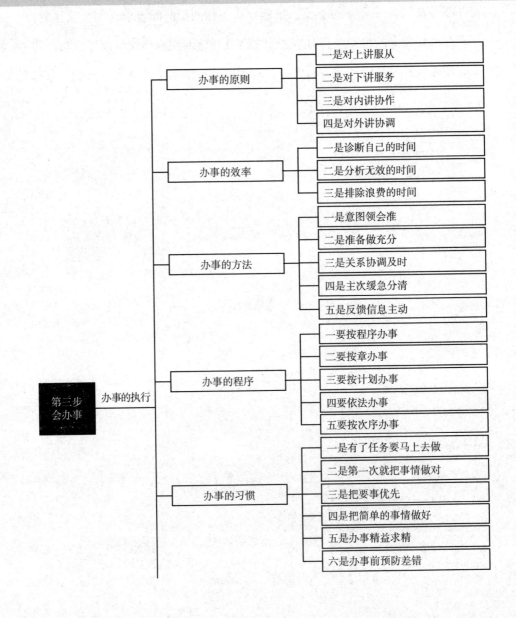

第三步 会办事	办事的执行	办事的原则	一是对上讲服从
			二是对下讲服务
			三是对内讲协作
			四是对外讲协调
		办事的效率	一是诊断自己的时间
			二是分析无效的时间
			三是排除浪费的时间
		办事的方法	一是意图领会准
			二是准备做充分
			三是关系协调及时
			四是主次缓急分清
			五是反馈信息主动
		办事的程序	一要按程序办事
			二要按章办事
			三要按计划办事
			四要依法办事
			五要按次序办事
		办事的习惯	一是有了任务要马上去做
			二是第一次就把事情做对
			三是把要事优先
			四是把简单的事情做好
			五是办事精益求精
			六是办事前预防差错

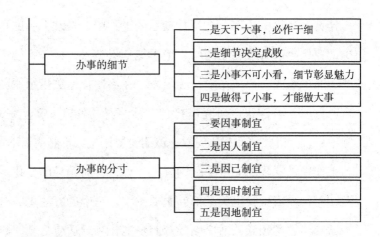

"办事"是机关干部的看家本领。会不会办事，能不能把事办好，是机关干部最基本、最重要的素质。这也是办事执行的学问。

一、办事的原则

机关干部办事，有机关的办事原则。

办事原则，是对办事活动的实质及其规律性的表述。日常办事原则主要有忠于决策、讲求实效、灵活变通、进取创新、诚实守信、安全保密等方面。

办事是素质和能力的体现。一般说来，办事应把握以下四个原则。

（一）对上讲服从

对上级领导机关和本单位领导的指示要求，要克服各种困难，排除各种阻力，认真抓好落实。这是由"下级服从上级"的组织纪律决定的。对上级做出的各项决议、决定，发出的指示、意见，凡无原则性的失策失当，应无条件地支持和服从。上级的意图符合自己心愿的时候是这样，不符合自己心愿的时候也是这样。对上级服从的前提是听指挥负责任，而不是一味的盲从。

作为一名机关干部，在执行指示的过程中，发现上级的意见不全面、不正确，在领导没有改变意图时，绝不能消极怠工，但也不能不负责任地不动脑筋、照抄照搬。要从实际情况出发，在不违背上级指示原则的基础上，提出自己的看法和建议，研究出符合实际情况的具体方案，完善领导的思想，为领导补台。机关干部有建议权，该用时要用足，不能明知不对，少说为佳。

工作中常遇到的一个实际问题是，如何应对领导的变化。在领导职务发生变动时，最能检验机关干部的服从意识。正确的方法是，机关干部应尽快了解领导，熟悉领导，适应领导，而不能让领导适应自己。有的机关干部工作水平不错，曾为上一任领导所赏识，工作中有过春风得意的时候，而换了领导似乎就找不到感觉了，跟不上领导思路了。究其原因，恐怕还是习惯性思维作怪，应变能力差，不能主动地去适应新领导的新思路、新风格、新要求，反而自觉不自觉地让领导来适应自己。这种现象应当力戒。

一位领导同志讲：机关干部有三种类型，一种是既能领会领导意图，又能表达领导意图；一种是能够理解领导意图，但表达不出来，反映不出来；还有一种是既不能理解领导意图，也不能反映领导意图。机关干部在工作中，一般都会得到上级的支持，但有时忠于职守不被理解，竭尽全力不被认可，甚至被误会和冤枉的事也是有的，但决不能因此而有怨气，出现对上不服从的问题。对上讲服从，不是巴结讨好，阿谀奉承，而是正确理解和把握上级的意图。

（二）对下讲服务

对下讲服务，就是在处理涉及基层和下级机关的一些事务的时候，要树立服务的思想，多想他们的难处，多为他们排忧解难，尤其是不能只图自己省劲、方便，随便对下指手画脚，颐指气使。有一些事情，上级机关看来是举手之劳，但让下级来干却又相当费劲。正确的做法是，宁肯自己辛苦些，也要为下面多送方便、少添麻烦，多雪中送炭、少雪上加霜。

机关干部为下级服务，一定要谨记，好心要办好事，不能添忙加乱，帮倒忙。对下讲服务，尤其要注意热情，要有一颗火热的心。在机关工作的同志应记住，无论是向下面通知问题、下达任务，还是答复下级请示，都要态度和蔼，不盛气凌人，不推诿扯皮，使下级感到亲切温暖，可以信赖。总结机关办事的一些经验，机关同志在处理一些对下的事务时，要做到"五个一"，即有一张笑脸相迎，有一把椅子请坐，有一杯茶水端上，有一顿便饭解决温饱，有一副解决问题的热心肠。这些虽是微不足道之举，却能让下级感受到温暖。

在现实中，还有这样一种现象，领导机关从上边往下边走，越走越感到热情；基层从下边往上边走，越走越感到冷漠。这一冷一热，折射出对下服务存在的一些问题。在这点上，上级机关一定要虚心向下级学习，把"高处不胜寒"的问题解决好；一定要有一副热心肠。该说的话要说到，该尽的力要尽到，该办的事要办到，即使办不成的事也要耐心解释清楚，不能摆出一副不耐烦的冷面孔。

对下讲服务既是工作作风，又是思想作风。机关各个部门都掌握一定的权力，这种权力是用来为基层服务的，不是用来为个人捞取好处的。领导机关为基层服务，是尽领导机关的职责，也是尽领导机关的义务。这种服务是无偿的、无私的、高尚的、纯洁的。切忌把自己应尽的义务作为一种恩赐，更不能斤斤计较搞倒服务，"勤政、廉政、优政"应成为机关干部的座右铭。

（三）对内讲协作

机关工作具有很强的协作性，绝大多数成果，都是集体智慧的结晶。搞一个活动是这样，组织一次会议是这样，写一个材料也是这样。所以一定要强调团结协作、合同作战，唱好"群英会"，形成一条心、一盘棋、一股劲，工作争着做，功劳不去争的良好氛围。机关各部门都是由有着形形色色的思想、性格、脾气的人组成的，能不能处理好这些人际关系，是一门艺术。个人应去融入大家，而不能让大家适应个人。要善于和有着各种不同工作方法和个性特点的人在一起工作，并建立融洽亲密的关系。有人说，做人比做事还难，做事，只要竭尽全力，埋头苦干，就不愁做不出成绩。而做人就不这么简单，有时忽略了与人相处的细节而得罪了人，使工作无法顺利进行下去。

处理好人际关系有一个简单实用的办法，就是学会宽容人，欣赏人。要欣赏别人的好处，记着别人的好处，忘掉别人的错处，原谅别人的缺点，不去故意挑剔别人。在工作中同志之间出现分歧是不可避免的。要宽宏大量，把矛盾消灭在萌芽状态。矛盾一旦出现，每个同志都应该保持冷静的头脑，选择适当的方式与时机加以解决。冲突中要分清是非，不计个人荣辱，多做自我批评，开诚布公与对方通气，达到心灵的沟通，在此基础上达到新的团结。

（四）对外讲协调

所谓对外，是一个相对的说法，指的是与自己有平行关系的单位和部门。机关的工作各有职责，各有分工，但又相互依存，密切联系。有一些工作往往会涉及机关各部门。干好工作必须要十分注重搞好对外协调。

协调的目的，在于克服各种各样的不协调因素，谋求组织和人员思想、行动的一致，使本部门与其他部门之间，与其他机关干部之间建立起相互理解、支持、协作、配合的关系，并使各业务部门、各机关人员在其分工的基础上各司其职，各负其责，提高整体效能，圆满完成任务。

有的同志办事时靠打领导旗号，在协调工作中不是下功夫商量通气，统一思想，而是把领导推到前台，以此去压对方。正确的做法是，请领导批示决定之前，部门之间先要协商，形成共识，这样工作中才能形成合力。有的办事靠搞职能牵制，有的在办事中奉行"你卡我，我就卡你；你帮我，我就帮你"的规则，这样只会造成部门之间相互掣肘，工作中硬碰硬，没有妥协商量的余地，隔阂会越来越深，阻力会越来越大，该办的事也可能办不成。只有善于商量，理顺思想、理顺关系、理顺情绪，才能形成相互理解、相互支持的氛围。

请记住这句话："共识也是力量。"搞好对外协调，有两条法则可供选择。一条是："你想别人怎样对待你，你就怎样对待别人"，也就是我们经常说的，"你想赢得别人的尊重，首先要尊重别人"。一条是："别人希望你怎样对待他们，你就怎样对待他们"，也就是我们经常讲的，"急别人所急，想别人所想，帮别人所需"。

运用好这两条法则，首先要学会尊重人。每个人都有自尊心，并期望受到他人或社会的肯定。因此，在对外协调中，应当注意态度谦逊，尊重对方的人格，不能因为他人地位不如自己高，能力不如自己强，或不像自己那样有某些权力，就不去尊重别人。不尊重人最容易伤害到他人的自尊心。这样就等于在双方之间设了一堵高墙，掘了一道鸿沟，给相互协调配合设置障碍。

其次要善于帮助人，对其他部门的求助，只要是在职权范围内，在原则范围内，就应千方百计去协助，不怕困难，不怕碰钉子，不怕吃苦，不怕吃亏。帮助别人也是协调相互关系的一种投资，必会得到回报的。

再次要真诚待人。诚实是做人的基本品质，每个人都喜欢同诚实正派的人打交道、交朋友。所以，我们在协调工作中，都要诚实，要尊重事实，实事求是，信守承诺，讲信用。

二、办事的效率

办事的效率就是科学合理地安排我们的时间，把最有效的时间用来做最重要的事，做到事半功倍。

我们每天的事情会有很多，但总会有重要与不重要之分，人的精力也会在每天的某一个时间段是最充沛的，而有的时候却会无精打采，这一切会因人而异。所以要提高工作效率就不能盲目地工作，而是要抓住最有效的时间去做重要的工作，把一天最好的时间用在最重要的事情上。这就需要我们做到以下几点。

（一）诊断自己的时间

诊断自己的时间，目的在于知道自己在哪个时间段内的精力最旺盛、效率最高。为此，我们需要记录自己一天中时间的耗用情况。在找到最佳时间后，尽量用精力最充沛的时间干最重要的事。每个人的精神状态不一样，在什么时间有什么样的精力是因人而异的。所以，我们每个人都应该掌握自己的生活规律，把自己精力最充沛的时间集中起来，专心去处理最费精力、最重要的工作，才能在办事时高效、迅捷。

（二）甄别无效的时间

我们除了要知道自己最有效的"黄金时间"是什么时候，还要知道我们每天花费了多少时间去做了一些无用功。时间就是生命，因此，当我们发现这类事情后，应该立即停止这项工作；检查自己是否浪费了别人的时间，如果有，也应立即停止。我们应该把这些时间用在更加重要、更加有意义的事情上。

（三）排除浪费的时间

在日常的生活和学习中，有很多时间因为各种各样的原因不留痕迹地虚度了。因此，这就需要我们能够很好地排除干扰，避免浪费时间，在有限的精力内，抓住有效的时间，争取让时间产生最大的经济效益。

三、办事的方法

办事一定有方法。再难办的事，只要找到方法，就不再是难事。

工作中遇到困难是难免的。遇到困难并不可怕，可怕的是缺少解决问题的方法。下面介绍几种办事的方法。

（一）意图领会准

受领任务时，必须准确领会领导意图的内涵和要义，把握办事的关节点，这是办事与办好事的前提和基础，办事人员不能脱离这一前提而我行我素，越俎代庖。首先要吃透，切忌不懂装懂。其次要摸准，切忌浅尝辄止。再次是要领会，切忌断章取义。为了防止理解出现偏差，办事出格离谱，还可采用三种方法：

（1）复述式。就是当领导交代完意图后，把记录内容重新复述一遍，当面验证是否弄清了领导意图，以便让领导当即指出错误之处。

（2）请教式。就是当你觉得对领导意图的理解心中没有多大把握时，可以把你是怎么理解的说给领导听，让领导评判理解得对不对。

（3）例证式。就是为了验证对领导意图理解得对和错，用假设的情况具体说明你打算如何处置，请领导当场判定你的做法是不是符合他的意图。

（二）准备做充分

要想把好事办好，把难事办成，必须充分准备，防止仓促上阵，把关系弄僵，把好事办砸，把简单事办复杂，使能办好的事没办好，能快点办的事反推迟。要责任到人。根据所办事项的目的、标准、要求、难易程度、需要人员多少等情况，搞好调查分析，围绕领导意图，把任务进行分解，责任区分到具体人，就能各司其职，密切配合，不打乱仗。要拿出预案。制定预案时，要把影响办事进程的各个小环节、小细节、小事情、小部位关注到，尽量估计到可能发生的意外、困难、矛盾、失败和不协调因素，本着从难处着想、向好处努力的原则，逐个逐项拿出解决的办法，个别的还要多预设几个方案，宁可备而不用，也要提前考虑细，真正多动脑筋，想在先，谋在先，避免"瞎忙活"，使事情办得更顺畅。

（三）关系协调及时

在办理领导交办的事时，有时一个人完成不了，需要有关机关、部门、人员的配合支持，就存在一个协调问题。由于机关部门之间、科（处）与科（处）之间是同级关系，本级业务部门与下级业务部门没有隶属关系，因此，这种协调只是非权力支配性的协调。

（四）主次缓急分清

分清主次缓急，是获得最佳工作效益的有效方法。有时自己手上有工作，但领导不一定知晓，同一时间内一个或几个领导又交办一些事情，在头绪繁多，事务纷至沓来的时候，就不能胡子眉毛一把抓，也不能头痛医头，脚痛医脚，整日忙于应付，疲于奔命。要做到头脑清醒，根据任务轻重，时限长短，或根据领导指示，分清主次缓急，抓重要工作，兼顾其他，忙而不乱，井然有序。哪些急办、哪些缓办，哪些公办、哪些私办，哪些原则性较强、哪些事务性较强，哪些容易办、哪些难办，哪些正常途径办、哪些非正常途径办，办事人在头脑里都要过"筛子"转三圈。

（五）反馈信息主动

坚持请示报告，主动反馈信息，件件有着落，事事有回声，就是对领导的高度负责。特别是对领导交办的那些比较难办、耗时较长的事，更要及时向领导请示报告。

四、办事的程序

机关办事，有一定的程序、原则和规范。有序化是一种非常理性的做事原则。它包括对事情顺序的合理安排，对时间的严格分配等。

（一）按程序办事

办事程序是机关办事的根本规则。无论何种性质的单位，办事讲究程序是工作的基本要求。

没有规矩不成方圆。程序是科学，是规律，是经验的总结。要提高机关工作的效率和质量，充分发挥领导机关的职能作用，作为机关干部，必须首先学会按程序办事。

按程序办事的基本原则：一是围绕目标。办事要围绕总目标，抓住要领，抓住主要矛盾。制定程序时首先要围绕决策目标，权衡所办事情对决策目标的作用。

二是抓住要害。在办事过程中，某些环节可能会出现人们不愿意看到的问题，甚至会造成危及全局的后果。这些问题被列为要害问题或关键问题，制定程序必须围绕这些问题来展开。

三是依次实施。每一项工作，都有若干个工作阶段和步骤，其间承前启后、环环相扣。因此，在完成该项工作的过程中，必须按照程序规定的步骤和次序依次展开，不能随意跳跃或颠倒。程序一乱，麻烦事就来了，具体办事的人很容易进入矛盾漩涡。要逐级请示，不要越级办事。科员不能越过处长，处长不能越过分管领导，更不能越过部门领导而直接去找上一级领导，这就是规矩。按规定办，不能随心所欲，也不能看人下菜，看眼色行事，自己先把规矩坏了。

四是预先准备。每一个阶段和步骤实施前，要预先做好各方面的准备，包括数据、材料的收集，人力、物力、财力的协调，上下、左右、内外关系的沟通，预测实施过程中可能出现的情况、问题，有针对性地制订方案等。只有准备充分、预测准确，才能保证程序顺利实施，否则，必会捉襟见肘、贻误工作。

五是讲求时效。时效是按程序办事质量高低、好坏的标志。尤其是完成时限很紧、质量要求很高的工作，每个阶段和步骤的衔接一定要紧凑。要讲求时限，该上午完成的，不能拖到下午，该当天办完的事绝不能拖到明天；要讲求实效，方式方法和手段要从实际出发，力求科学有效。

六是灵活处置。按程序办事的根本目的是为了提高工作效益。机关干部在工作中遇到特殊情况时，在不违背政策纪律和原则的前提下，要从全局出发，从效益出发，具体情况具体分析，特殊情况特殊处理，把程序走活，切实使程序更好地为工作服务。比如，领导同志有时一段时间不在位，而事情又非常急，就应该按"非常"程序处理，可以请示再上一级的领导，不能误了事。但是等这个领导回来后，一定要汇报办理过程和未请示的原因，把意外中断的程序补上。

程序体现领导关系，程序就是政治，程序就是科学，程序就是纪律。按程序办事，是事物发展客观规律的内在反映，是机关工作的必然要求，也是减少失误、提高工作质量和效率的重要途径。

（二）按章办事

机关事务处理，绝大多数是一种组织行为，往往要传达组织和领导的声音，代表组织和领导的形象，因此，必须讲究一定的章程和规矩，不能为所欲为。在这方面，有三点需要把握。

一是要按政策规定办事。也就是办事要讲政治、讲原则、讲政策，严格遵守国家的有关法律法规、政策规定，严格遵守政治纪律、组织纪律、人事纪律、财经纪律，不能出格越轨，不能打"擦边球""闯红灯"。

二是要按领导指示办事。机关干部在处理事务的过程中，一定要严肃认真地落实领导的指示要求，不能跑偏走样。即使领导的指示有一些不合理甚至错误的地方，也应在办事之前采取适当方式向领导提出，而不能阳奉阴违。实践中，往往自以为是、自作聪明，擅自变更领导的指示甚至逆领导的指示行事，都是机关工作之大忌。

三是要按科学规律办事。机关干部处理事务，无论事情大小，都应按规而行、循矩而作，做到一步一动，该请示的要请示，该报告的要报告，该协调的要协调，该通报的要通报，不能因为琐碎而忽略程序，不能因为紧急而跨越程序，不能因为忙乱而颠倒程序。

（三）按计划办事

俗话说："心中有个'小九九'，办事利落不犯愁。"办事善于计划，精于计划，应该是机关干部具备的基本功。工作的计划性与工作效率、工作质量是密切相关的。

一是合理分配工作时间。机关工作包括许多方面，每个方面又包括许多具体的内容，不同内容的工作有着不同的目的要求。作为机关干部，不管分管哪个口、哪一摊，都必须熟悉自己分管工作的具体职责要求，清楚哪些工作必须自己做，哪些应由别人去做，哪些事情自己做主，哪些事情需要请示报告，等等。这些基础的东西一定要搞明白，否则，计划就无从谈起。

二是计划分配时间。机关干部要具备定量控制自己时间的能力，也就是说，对自己的时间要实行计划分配。事实证明，在时间上不做计划的人，只能消极地应付工作，容易形成拖沓的工作作风；而有计划的人则处于主动的地位，能够养成该干什么就干什么的良好习惯，能够提高工作的效率和质量。时间计划有：长期计划、年度计划、月份计划、周计划、日计划等。在这些计划中，日计划是最现实的，因此，每天有个"小九九"十分必要。

三是心中有数。机关工作受部门、党委确立的重点工作和中心工作发展变化制约较大，因此，有的同志感到，机关工作不像生产流程那样明确固定，"小九九"说起来容易，真正做到是很难的。事实上，难和易是相对的，只要细心研究、把握规律，再难的工作也会变得容易。把握了这些规律，也就增强了工作的预见性，应该把事情想在前，把工作考虑在前。必须明确，作为一名机关干部，对分管的本职业务应当比领导更熟悉，预见性更强。对自己下一步要做些什么工作，以及每项工作展开后，可能会遇到一些什么问题，要采取的步骤措施等，都要早打"小九九"，免得临时"抱佛脚"。然而，现在有一些机关干部对自己分管的工作缺乏预见性、心中无数，像算盘珠一样，完全听任领导的摆布，拨一拨、动一动，离开了领导的"吩咐"，就感到无所事事。这种靠领导定计划，让领导给自己当"外脑"的做法是不可取的。

四是提高计划能力。也许有人说，有个"小九九"还不容易，无非是对自己分管的工作年有规划、季有打算、月有安排，总体目标设想挂在墙上，每天要办的事写在本子上，"小九九"就有了。事情并非如此简单。现在常见的情况是，在许多同志那里，煞费苦心盘算的"小九九"，并不能成为指导工作的"如意算盘"。究其原因，或是计划安排不符合实际，或是适应不了变化了的情况。所以，如何把计划安排得科学、合理、可行，也是值得研究的一门学问。要提高计划能力、计划水平，要多学习一些现代科学知识。如运筹学、系统论、控制论、现代管理学等，了解、涉猎这些知识越多，计划安排工作的思路就会越开阔，就越发有得心应手之感。同时，要勤思考一些工作中的问题。勤于思考应该是机关干部的一项重要任务。勤于思考问题对于机关干部来说，如同工人做工、农民种地一样，是本职工作、分内之事，如果当一名机关干部却不愿动脑筋，应当说是一种失职行为，做思想懒汉是会受到责备的。勤于思考是认识客观规律的必由之路，是理论联系实际的重要环节，"勤思索，计划明，工作活"，这是许多同志的经验之谈。

（四）依法办事

提高法治思维和依法办事能力是时代的新要求，对机关干部的素质和能力提出了新要求。

一是要有法治思维。法治思维是基于法治的固有特性和对法治的信念来认识事物、判断是非、解决问题的思维方式，是一种合法性思维、程序思维、权利思维。依法办事则是运用法治思维和法治方式深化改革、推动发展、化解矛盾、维护稳定。当前，一些机关干部依法办事观念不强、能力不足，运用法治思维和法治方式管理经济社会事务水平不高，存在有法不依、执法不严、违法不究甚至权钱交易、徇私枉法等问题。

二是遵守法律法规。我国是社会主义法治国家，机关干部必须依法办事。法律制度是国民意志的统一体现，是维系现代社会秩序的基本规则。"有其法者，尤贵有其人"，法律要靠人执行。机关干部的一言一行对本地区、本部门、本单位的影响极深。他们是否遵守法律法规办事，关系到法律的实施效果。如果不懂法，不具备与其地位相应的法制观念、法律意识，就很难做到依法执政、依法行政。政府能否自觉依法行政，严格依法办事，直接影响到宪法和法律的尊严、权威，直接关系到依法治国基本方略能否顺利实施，关系到建设社会主义法治国家的宏伟目标能否顺利实现。

三是依法办事。机关干部或多或少地都有一定的权力，更要以"依法办事"作为行为准则，做到有法必依。机关干部要带头遵守法律，不得违法行使权力，更不能以言代法、以权压法、徇私枉法。要坚持公众参与、专家论证、风险评估、合法性审查、集体讨论决定的行政决策程序。

（五）按次序办事

科学地排定工作次序，才能提高办事效率。

一般说来，机关干部每天都要面对着许多头绪纷繁的工作。如果不能科学地排定工作次序，就会影响工作效率，从而影响工作的落实。

应该认识到，工作虽然头绪纷繁，但它们的分量是不同的，有轻有重，有缓有急。因此，要根据实际情况，区分轻重缓急，排定科学的工作次序，以便用最佳的时间处理最重要的事情。

实践中，人们认为，以下的办事次序是一个比较好的选择：

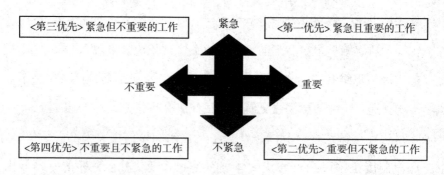

日常工作四象限坐标图

根据四象限法则，日常工作有四种类型：

一是重要且紧急的事，是第一优先要办的事。

二是重要但不紧急的事，是第二优先要办的事。

三是紧急但不重要的事，是第三优先要办的事。

四是不紧急也不重要的事，是第四优先要办的事。

我们很多人往往把50%~60%的时间放在了处理紧急但不重要的工作上，而重要但不紧急的工作却用的时间很少。第二象限重要但不紧急的工作包括问题的发掘与预防、持续学习、关于团队的建设、真正有效的授权、确定自己的个人使命、长期的职业生涯规划、个人使命等。

如何管理好时间，调整好自己的工作时间安排，把尽量多的时间用在重要但不紧急的工作上，效率大师艾维利提出了"6点优先工作制"的方法。具体操作方法是每天早晨上班前，写下今天要做的全部事情；按事情的重要顺序，分别从"1"到"6"标出六件最重要的事情；每天一开始，全力以赴做标号为"1"的事情，直到它被完成或被完全准备好，然后再全力以赴做标号为"2"的事情，依此类推。艾维利认为，一般情况下，如果一个人每天都能全力以赴地完成6件最重要的大事，那么他一定是一位高效率人士。

此外，也可设定不被干扰的时间。我们往往会有这样的抱怨，每天似乎都很忙碌，一年到头作总结的时候，却发现自己一年似乎什么都没有做，一年都没啥进步。自己每天就像陀螺似的在旋转，很少静下心来考虑考虑自己做的工作。也有的人经常抱怨，在做一些重要工作时，因为时常被别的事情打断，而难以高质量地完成。我们建议采用的方法是每天固定拿出一段时间来，可以是早上或晚上，为自己设定一段不被干扰的时间，一方面可以静下心来集中做一些工作；另一方面也可以静下心来自我反思并调整自己第二天的时间安排。

也可以设定小的时间表，改变拖沓的习惯。就是在做某项工作时，为自己设定一个时间，比如写一篇稿子或一篇汇报，为自己设定半个小时或一个小时，然后用倒计时的方式，开始工作。这样，你会发现比平时做同样的工作，节省不少时间，原先写报告前的各种情绪预备工作等全部简化了，工作效率大大提高。当然，改变时间管理的技巧还有很多，比如使用outlook（微软办公软件套装的组件之一）里面的日历、目标分解法、下决心一次性把事情做好、利用碎片化时间、挑战"快文化"等。

五、办事的习惯

机关干部办事，要养成良好的习惯。这样才能产生事半功倍的效果。

（一）有了任务要马上去做

有人曾向一位企业老总请教"成功的秘诀"。这位老总告诉他："现在就做。"要有效地落实，"现在就做"也是一个非常重要的秘诀。有了任务马上去做，而不是去拖延，去等待，是提升落实效率的重要方法。有人说，栽一棵树的最好时间是20年前，第二个最好的时间是现在。

工作任务的落实是干出来的，而不是等出来的。有这样一个故事：有三只青蛙掉进了鲜奶桶中，第一只青蛙说："这是神的意志。"于是，它盘起后腿，一动不动，静静地等待着。第二只青蛙说："这桶太深，没有希望出去了。"于是，它在绝望中慢慢死去。第三只青蛙说："尽管掉到鲜奶桶里，可我的后腿还能动。"于是，它奋力地往上跳起来。它一边在奶里划，一边跳，慢慢地，它觉得自己的后腿碰上了硬硬的东西，原来是鲜奶在青蛙后腿的搅拌下，渐渐地变成奶油了。凭着奶油的支撑，第三只青蛙跳出了奶桶。

第一只和第二只青蛙都是坐以待毙，而第三只青蛙凭着自己的努力，跳出了奶桶。这就是行动和不行动的最本质区别。

如果我们接受了一项工作任务，并且认准了它是一项有益的工作，我们就应该马上着手去做。

（二）第一次就把事情做对

"第一次就把事情做对"这个概念最早是由著名管理学家克劳士比提出来的。这一概念是他著名的"零缺陷"管理理论的精髓。

所谓"第一次就把事情做对"，简单说来，就是第一次就把事情做得符合要求。

第一次就把事情做对，不仅可以有效地减少做错工作所带来的成本损失，还可以有效地避免浪费时间，提高落实工作任务的效率。

在一次工程施工中，师傅们正在紧张地进行着工作。这时，有一位师傅需要一把扳手。他便对身边的小徒弟说："去，拿一把扳手来。"

小徒弟飞快地跑去。师傅等了好长时间，才见小徒弟气喘吁吁地跑回来，拿回一把巨大的扳手说："扳手拿来了，真难找！"

师傅一看，却发现这并不是他需要的扳手。于是，他生气地说："谁让你拿这么大的扳手呀？"

小徒弟没有说话，但是显得很委屈。这时，师傅才发现，自己叫徒弟拿扳手的时候，并没有告诉徒弟自己需要多大的扳手，也没有告诉徒弟到哪里去找这样的扳手。自己以为徒弟应该知道这些，可实际上徒弟并不知道。师傅明白了：发生问题的根源在自己，因为他并没有明确告诉徒弟做这项事情的具体要求和途径。

第二次，师傅明确地告诉徒弟，到某一库房的某个位置，拿一个多大尺码的扳手。

这次，没过多久，小徒弟就把他想要的那个扳手拿回来了。

工作中，小事、中事、大事都有，为提高处理问题的效率，作为机关干部，应该树立"第一次做对""一次完成"的意识。

（三）把要事优先

时下，机关事务繁忙，许多机关干部一天到晚忙得一塌糊涂。其实，只要采取要事优先的方法，就能解决好这一问题。

一要审视自身做事的习惯次序。采取要事优先的方法，首先要审视一下自身做事情的习惯次序。一般说来，人们做事情，常常习惯于按照下面的准则来决定哪件事情在先，哪件事情在后。

（1）先做喜欢做的事，再做不喜欢做的事。

（2）先做熟悉的事，再做不熟悉的事。

（3）先做容易做的事，再做难做的事。

（4）先做只需花费少量时间即可做好的事，再做需要花费大量时间才能做好的事。

（5）先处理资料齐全的事，再处理资料不齐全的事。

（6）先做排定时间的事，再做未排定时间的事。

（7）先做经过筹划的事，再做未经筹划的事。

（8）先做别人的事，再做自己的事。

（9）先做紧迫的事，再做不紧要的事。

（10）先做有趣的事，再做枯燥的事。

（11）先做易于完成的整件事或易于告一段落的事，再做难以完成的整件事或难以告一段落的事。

（12）先做自己所尊敬的人或与自己有密切的利害关系的人所拜托的事，再做自己所不尊敬的人或与自己没有密切的利害关系的人所拜托的事。

（13）先做已发生的事，后做未发生的事。

这些做事的准则，可以说，基本上是不符合有效时间管理要求的。

二要编排好做事次序。做事次序的要义，是按"轻重缓急"办事。但是, 许多人在编排做事次序时, 却常常只考虑"缓急", 而忽视"轻重"。结果, 使自己成了"急救队员"。虽然救了急, 但是却使一些重要的事情束之高阁。在编列做事次序时, 正确的做法, 应该是先考虑事情的"轻重", 再考虑事情的"缓急"。"轻重"的判断依据, 是对需要落实的工作目标的贡献大小。贡献大, 程度就重; 贡献小, 程度就轻。

三要把主要精力用在关键问题上。把握了编列做事次序的要义, 我们在工作中, 就要分清问题的轻重缓急。要搞清楚什么是重要的, 什么是可以舍弃的; 什么是紧迫的, 什么是可以暂缓的, 将主要精力用在关键的问题上。也就是说, 去做"重要而紧迫的事情"。

(四) 把简单的事情做好

海尔总裁张瑞敏经常对员工说这样一句话: "什么叫作不简单? 能够把简单的事情天天做好就是不简单。什么叫作不容易? 大家公认的非常容易的事情, 能够非常认真地做好它, 就是不容易。"话虽朴实通俗, 但蕴含的哲理很深。

把简单的事情做好, 需要强烈的事业心。一个人能否把自己的本职工作做好, 不在于工作的简单与复杂、事情的大与小, 关键取决于对待工作有没有事业心和责任感。事业心强了, 责任感有了, 再复杂的工作也能把它做好。反之, 即使是举手之劳的小事, 也可能做不好。北京的公交车售票员李素丽, 上海的水电修理工徐虎, 他们做的都不是惊天动地的大事, 但他们心中时刻有帮助乘客和居民排忧解难的责任感, 所以虽在平凡的工作岗位上, 但能日复一日地把别人看似简单的工作做得不简单。

把简单的事情做好, 需要持久的耐心。做好简单的小事, 要有吃苦的思想准备, 更要有精雕细刻的耐心, 不怕反复, 经得起磨砺。拿破仑曾经说过: "胜利将由最有耐力的人获得。"有些简单的事情在完成的过程中, 不会像想象中那样能一蹴而就，它需要一个环节一个环节地去落实，一步一步地去完成，有时甚至需要反复好几次才能完成。这就需要有"咬定青山不放松"的韧劲，需要有"不厌其小、不厌其简、不厌其碎"的耐心，需要有滴水穿石始终如一的恒心。那种认为事情简单就可以走捷径、打折扣，用马虎的态度去应付是不可能做好的。

把简单的事情做好，需要非常细心。古人云："天下之大事，必作于细。"唯物辩证法告诉我们，任何事物都是互相联系、发展变化的。小联系着大，小节连着大节。有些简单的小事，虽然不起眼，但如果有一个细节出现了疏漏，就可能变成牵扯全局的大事。只有努力在小事中发现不小的苗头，以严谨细致的作风、认真细心的态度，脚踏实地、一步一个脚印把每个细节做好了，才能够成就大事。

把简单的事情做好，还需要一颗平常心。简单的小事，大都不起眼，不容易引起人们的注意，也不容易引起轰动效应。在长期坚持的过程中，因为反复地做一件事，心理上还容易产生麻痹、厌烦、浮躁的情绪。这就要求我们，要耐得住寂寞，经得起诱惑，守得住清贫，扛得住干扰，不为名利所累，不为职位所困，始终保持一颗平常心。不管外界怎样变化，都不放松自我要求，始终坚持工作的高标准。

（五）办事精益求精

机关干部做任何工作都要追求精益求精，办事也是如此。

多年前，有位年轻人来到一家著名的酒店当服务员。这是他涉世之初的第一份工作，因此他很激动，暗下决心：一定要干出个样子来，不辜负父母的期望。

但让他没有料到的是：在新人受训期间，上司竟然安排他去洗马桶！并要求他必须把马桶洗得光洁如新！

面对着马桶，他心灰意冷。这时，同单位的一位前辈来到了他的面前。她什么话也没说，只是亲自洗马桶给他看。等到马桶洗干净了，她从马桶里盛了一杯水，当着他的面一饮而尽！

这位前辈用实际行动告诉他：经她洗过的马桶，不仅外表光洁如新，里面的水也是干干净净的。

前辈的示范给他树立了好的榜样，从此他安心洗马桶，而且将工作做得无可挑剔：他也可以当着别人的面，从自己洗过的马桶里盛一杯水，眉头不皱一下地喝下去。后来，这位年轻人成了世界旅馆业大王。他就是康拉德·N.希尔顿。

马桶擦得干净到里面的水都能喝的程度，追求的就是"精益求精"。我们无论做任何工作，都应该有这种"擦马桶"的精神，追求精益求精。

追求精益求精，要克服马虎轻率的毛病。有的机关干部不能很好地落实工作责任，并非是他不想落实，而是他患有马虎轻率的毛病。做事马马虎虎不认真，处理问题轻率大意不慎重，就可能导致灾难，酿成大祸。

追求精益求精，要防止虎头蛇尾的做法。有的机关干部能力很强，但不能很好地落实组织所下达的工作任务。究其原因，主要是他们做事总是虎头蛇尾。工作开始时，热情百倍，干劲十足，但是工作持续一段时间，尤其是遭遇到困难或挫折之后，则热情逐渐减弱，干劲逐渐消减。

（六）办事前预防差错

为了避免问题的发生，我们在办事的时候，有以下几点需要注意。

要选择最佳方案。不管大事小事，办的时候，都应做个方案。小事有个"腹案"即可，大事不妨在纸上列几个方案，反复进行比较，从中选择最佳的方案。

要下好三步棋。当方案定下之后，该方案每一步怎么走，像下棋一样，起码要考虑三步，不能"骑驴看唱本——走着瞧"。这样稍有不慎，就可能出问题。

要从最坏处着想。办事前，对所办事情的结局要有所考虑，分析几种可能，找出最坏的一种，再回过头来看"开始"和"过程"中的每一环节上如何避免。实践证明，不想到事情的"后果"，"开始"和"过程"中很难做到谨慎从事，按章办事。例如，人们开车，就要想到可能会出车祸，从而提醒自己不酗酒，不开"英雄"车，遇到紧急情况时怎么处置等。

要订好"堵漏"措施。针对办事过程中可能出现的问题，事先订好堵漏措施，以免措手不及。当然，在很多情况下，"计划赶不上变化"，情况发生变化后，原来的措施很可能用不上了，还要临时采取对策。但实践证明，有无堵漏措施大不一样。有了措施，起码在出事后精神上就不紧张。即使还需制定新的措施，有原来的措施做基础，新措施也便于制定。

要留好"预备队"。我们办事和打仗一样，总有一些不可知因素。因此，事先要在人力、物力、时间等方面，留好"预备队"，以备急用，就像汽车一样，总是拉着一个"备胎"。

要防患于未然。在办事过程中，发现问题的苗头，就要立即采取措施，把隐患消灭在萌芽之中，就像开车一样，发现刹车不灵，马上停车检修。如果凑合着开，十有八九要出问题。做"防患于未然"的工作，往往因为看不出"成绩"，而被人们所忽视。实际上，只有防患于未然，才能使事情顺利地完成。从补事术来说，防患于未然是最高明的一种。

六、办事的细节

机关工作无小事，事事连政治。作为一名机关干部，要想在工作中表现得比别人优秀，就必须养成关注细节的习惯，舍得花气力做好每一件小事。

小事成就大事，细节决定成败。

（一）天下大事，必作于细

老子曾说："天下难事，必作于易；天下大事，必作于细。"

我们每一个人都想干一番大事，这很好。但光想法大不行，光气势大也不行。要把干大事的愿望变成干大事的现实，就必须"做于细"。

失之于细，就失之于实；失之于细，就失之于效。再宏伟的目标，再宏大的工程，如果不抓细节、不积小微，那也只能是海市蜃楼，水中明月，中看不中用。

做于细，首要的一点就是抓具体。任何事情都是由许多具体要素构成的，这个特性决定了干事业就是抓具体。具体了才能突破，具体了才能深入，具体了才能落实。假如说好思路是一个"面"，那么抓具体就是一个"点"，面上的要求只有化为点上的要求，才能求得实效。因此，无论干什么事情，都要弄清具体情况、研究具体办法、观察具体变化、解决具体问题。抓什么、怎么抓、谁去抓、抓到哪一步，任务要具体、措施要具体、责任要具体。我们工作中所谓的很多难事，往往不是因为事情本身有多难，而是因为没有具体抓才感觉到难。虚泛化的坐而论道，粗放化的浅尝辄止，一般化的得过且过，要是以这样的作风去干事，不难才怪。

做于细，关键的一点就是要有抓手。抓手，其实就是工作的切入点和着力点，是工作细化的一个主要特征。任何一项工作，如果没有抓手，就容易胡子眉毛一把抓，就容易出现这样那样的形式主义。百尺竿头，是要靠抓手一尺一尺爬上去的。

天下大事必做于细。做于细，不仅是一种做事的方法，更是一份责任。任何一点小矛盾都可能引发大问题，工作上的细心、细致、细化显得特别重要。做到了这一点，才会事业有成；做不到这一点，必然一事无成。

（二）细节决定成败

细节决定成败，是时下很流行的一句话。机关工作像其他工作一样，只有注重细节，才会不放松标准，也只有注意到问题的细节，才会使自己的思考更加全面，不犯错误，保证工作顺利达到预期目标。其实人与人之间在智力和体力上的差距并不像想象中那么大。但为什么同样的事情两个人做会出现不同的效果呢？原因往往就在于一些细节上的功夫。不把细节当回事的人，对工作就会缺乏认真态度，对工作任务也只能是敷衍了事。只有从小事、从细节入手开展自己的事业，才会在日积月累中将自己塑造成一个受人欢迎、有决断能力的优秀机关干部。那么，机关干部究竟应注意哪些小事和细节呢？应当说，它几乎覆盖了机关干部的一切活动，渗透在机关干部日常工作、学习和生活的一言一行当中。比如，坚持在背后说别人的好话，更能体现你的胸怀和诚实；说话时最好善于用"我们"来制造彼此间的共同意识，使用"我"字频率高的人一般不大受欢迎；有人在你面前说别人的坏话时，你最好不要插嘴；不是你的功劳，千万不要占有它。

（三）小事不可小看，细节彰显魅力

伟大来自于平凡，我们每天所做的事，很多都是一些所谓平凡的小事。然而，一个人有了再宏伟远大的理想，如果没有严格认真的细节执行，也是难以成为现实。"泰山不拒细壤，故能成其高；江海不择细流，故能就其深。"所以，要记住大礼不辞小让，细节决定成败。

也许有人会说，日常做事，做到99分就很不错了，何必再花大力气做到100分呢？但所谓"千里之堤，溃于蚁穴"，你把一切都做得很好，就留下这么一个瑕疵，可能最后要你命的就是这个毫不起眼的瑕疵。

做事就好比烧开水，99℃就是99℃，如果不再加温，水是永远不能烧开的。所以我们只有烧好每一个平凡的1℃，在细节上精益求精，才能真正达到沸腾的效果。

小事不可小看，细节彰显魅力。当我们学习时，要注意知识中的细节；当我们集中精力，想在平凡的岗位上创造更大的价值时，就要心思细腻，从点滴做起，以认真的态度做好工作岗位上的每一件小事，以认真负责、追求完美的心态对待每个细节。

（四）做得了小事，才能做大事

在机关，有些职位是需要每天处理大事的，大事关乎全局形势变化，需要的是最有能力的人——领导或业务骨干来担当。但是就算一把手，也不可能完全抓大放小，甚至有时候，他们需要从更多的小事中来探索可以让大事继续进行的根据。还有很多职位，它们的功能就在于协助其他职位完成各种各样琐碎但又非常具体的工作。另有一些职位的设定，本来就是用以担负机关最为重要的职责，目标就是那些大事，任务就是完成那些大事。但是，越是这样重要的职位，越是这样重要的工作者，当领导安排你一些小事的时候，应该越发注重并认真完成，因为需要完成的小事，尽管它"小"，"小"的背后所隐藏的"大"的意义，可能是你一时还没考虑清楚或忽略掉的。

因此，机关能够发挥职能、正常运营、健康发展，无不需要机关干部每天完成大大小小各种事务，成功不是只在大事上成功，而是大事和小事都成功，才能真正达到成功。

七、办事的分寸

分寸，是办事的分水岭。如何把握好办事的分寸，大有学问。

（一）因事制宜

事情有大有小，有轻有重，是放弃西瓜捡芝麻，还是丢掉芝麻捡西瓜，这既可能涉及自身的利益，又涉及他人的利益，甚至还关乎全局。所以，在面对这样选择时，我们就要学会掂量一下事情的分量，尽量采用舍小取大、弃轻取重的处理原则。这样，虽然丢掉了小利，但所换取的可能就是大利或大义。在机关工作的同志，尤其要懂得这个原则。

我们来看一个大家都听说过的故事。

蔺相如是战国后期赵国人，他本是赵国宦者令缪贤的门客，在完璧归赵、渑池之会后，一跃成为赵国的上卿。

廉颇是赵国上卿，多有战功，威震诸侯。蔺相如却后来居上，使廉颇很恼火，他想：我乃赵国之大将，身经百战，出生入死，有攻城野战之大功，你蔺相如不过动动三寸不烂之舌，竟位居我上，实在令人接受不了。他气愤地说："我见相如，必辱之。"从此以后，每逢上朝时，蔺相如为了避免与廉颇争先后，总是称病不往。

有一次蔺相如和门客一起出门，老远望见廉颇迎面而来，连忙让手下人回转车子躲避开。门客见状，对蔺相如说："我们跟随先生，不过是仰慕先生的高风亮节。现在，您与廉颇将军地位相同，而您见了他就像老鼠见猫一样，就是一般人这样做也太丢身份了，何况一个身为将相的人呢！连我们跟着先生也觉得丢人。"蔺相如问："你们嫌我胆小，你们说廉将军和秦王相比，哪个厉害！"门客答道："秦王厉害。"蔺相如说："既是秦王厉害，我都敢在朝廷上呵斥他，侮辱他的大臣们。难道我连秦王都不怕，却单单怕廉将军吗？"蔺相如接着说："我想强秦不敢发兵攻打赵国，是因为我和廉将军在位。如果我们二人争闹起来，势必不能并存。我之所以这样做，是把国家利益放在前头，把个人的事放在后头啊！"门客恍然大悟。廉颇闻之，深感内疚，于是负荆请罪与蔺相如结为"刎颈之交"，演出一幕千古流芳的"将相和"。

蔺相如之所以能千古流芳，就在于他能忍小辱而顾全国家大义，对事情的分量把握得好。赵国之所以不被他国欺负，就是因为有将相文武二人的威势。可见，把握好处理事情的分寸，不仅利于人际关系的和谐，对集体对国家也是有利的。

办任何事情都有个轻重缓急之分，有的事发生后，须马上处理，延误了时间就可能与预期目标相悖离。有些人际关系的处理，发生之时，立即解决，可能会火上浇油，使事态发展愈严重，而冷却几日，使当事人恢复理智以后再处理，就可能会大事化小，小事化了。所以，处理事情，掌握处理的火候，对事情的成败至关重要。像前面所说的"将相和"的历史故事，如果蔺相如在廉颇气势汹汹之时，去找他解释，与他论理，即便和颜悦色，平心静气，廉颇可能一句也听不进去。这样不但不利于解决矛盾，反而极有可能引起新的冲突，使事态扩大，对彼此都不利。

为掌握解决冲突的"火候"，有人找到了一种"百分之十法"，即事情发生后，再等百分之十的时间。这百分之十的时间，会给你的朋友或对方思考的余地，他们会因说出的不当言论，办过的错事向你道歉；这百分之十的时间，也使你有更清醒的头脑，而不至于在盛怒之下失去控制。

办事要把握进退的分寸。在机关工作，毕竟不是独来独往。因而，我们在处理事情的过程中，必须全盘衡量，把握分寸，协调好各方面的利害关系。

（二）因人制宜

在机关，办事要学会因人制宜，根据不同的对象来选择不同的说话方式与办事手段。

　　记得毛泽东同志曾说过："射箭要看靶子，弹琴要看听众，写文章、做演说倒可以不看读者，不看听众吗？"办事也是如此，至少要分析对方的几种状况：心理、性别、年龄、文化、职位等，如果不看对象，不分青红皂白，就难免会冒犯人家，从而事与愿违。

　　宋朝知益州的张咏，听说寇准当上了宰相，对其部下说："寇准奇才，惜学术不足尔。"这句话一语中的。张咏与寇准是多年的至交，他很想找个机会劝劝老朋友多读些书。因为身为宰相，关系到天下的兴衰，学问理应更多些。

　　恰巧时隔不久，寇准因事来到陕西，刚刚卸任的张咏也从成都来到这里。老友相会，格外高兴，寇准设宴款待。在郊外送别临分手时，寇准问张咏："何以教准？"张咏对此早有所考虑，正想趁机劝寇公多读书。可是又一琢磨，寇准已是堂堂的宰相，居一人之下，万人之上，怎么好直截了当地说他没学问呢？张咏略微沉吟了一下，慢条斯理地说了一句："《霍光传》不可不读。"当时寇准弄不明白张咏这话是什么意思，可是老友不愿就此多说一句，言讫而别。回去后，寇准赶紧找出《汉书·霍光传》，他从头仔细阅读，当他读到"光不学亡术，暗于大理"时，恍然大悟，自言自语地说："此张公谓我矣！"（这大概就是张咏要对我说的话啊！）是啊，当年霍光任过大司马、大将军要职，地位相当于宋朝的宰相，他辅佐汉朝立有大功，但是居功自傲，不好学习，不明事理。这与寇准有某些相似之处。因此寇准读了《霍光传》，很快明白了张咏的用意，感到从中受益匪浅。

　　寇准是北宋著名的政治家，为人刚毅正直，思维敏捷，张咏称赞他为当世"奇才"。所谓"学术不足"，是指寇准不大注重学习，知识面不宽，这就会极大地限制寇准才能的发挥，因此，张咏要劝寇准多读书的意思既客观又中肯。然而说得太直，对于刚刚当上宰相的寇准来说，面子上不好看，而且传出去还影响其形象。张咏知道寇准是个聪明人，给了一句"《霍光传》不可不读"的赠言让其自悟，何等婉转曲折，而"不学无术"这个连常人都难以接受的批评，通过教读《霍光传》的委婉方式，使当朝宰相也愉快地接受了。

因而，办事因人制宜，就是要分清对方是什么样的人，是耍阴阳脸的人，还是性情傲慢的人；是私心较重的人，还是性格暴躁的人；是性格冷淡的人，还是爱钻"牛角尖"的人，一定要分清楚，做到有的放矢。

（三）因己制宜

古希腊的哲人苏格拉底说：要认识你自己。其实，人活在这个世界上，就是一点一点认识自己的过程。人不仅要发展自己的潜能，也应该发现自身的不能。只有更好地认清自身的局限，才能对自身的能力做出正确的评价，做到有"自知之明"。

常言说，"有多大的能力，端多大的饭碗"，"七分人办不了八分事"。可见，一个人在准备办一件事时，必须衡量自己的办事能力，要量力而行。

每个人在社会上的角色不同，社会分工也不同，农民种地，工人做工，教师教书，不同角色承载着不同的义务。

不论做什么事情，我们都必须认清自己的身份、地位，看自己能办多大的事，采取什么样的方法和途径才合适。心里有了这个谱，办事才会更有针对性、分寸感，自然地就会减少许多不必要的麻烦与障碍，就更容易办好事。同时你的办事能力也会提高。

此外，也要学会根据自己的性格办事。性格是指人对现实中客观事物经常的稳定的态度，以及与之相应的习惯化了的行为方式。比如说，有的人小心谨慎，有的人敢拼敢闯。小心谨慎与敢拼敢闯就是两种截然不同的习惯化了的行为方式。人们根据他们这些外现出来的习惯化了的特征来区别这两种人的性格。

性格一般来讲是很难改变的，诚实的人很多时候都很诚实，他也推想别人诚实。我们要依据自己的性格去办自己能办的事，这样才能提高自己办事的成功率。

（四）因时制宜

办事要因时制宜，是指办事的方式方法要根据不同时期的实际情况，进行相应的调整，才能顺利地办事。

因时制宜去办事，要学会见机行事，看具体情况说话办事，随机应变。

也就是说，办事不要墨守成规，要从变化的角度来考虑。如果依然按照过去的眼光、想法、办法来处理，必然失败。

（五）因地制宜

因地制宜的"地"包括的内容很多，如社会环境、地域环境、人际环境、办事的场合，等等。为人处世没有一成不变的规律，必须根据环境等各要素的变化，随时调整自己的办事方法以及言行举止，这样才能办好事。

在这个世界上，一个人的工作环境与家庭环境都是不可或缺的。从这个环境走到那个环境，你必须完成好角色变换，才能与人和谐相处，才能与人共事和办事。

办成事

——办事的技巧

- 第四步 办成事 — 办事的技巧
  - 重要的事细致办
    - 一要头脑清
    - 二要重格局
    - 三要顾大局
  - 特别的事特殊办
    - 一要公正办
    - 二要因事办
    - 三是区别办
  - 重大的事清楚办
    - 一是眼光远
    - 二是绷紧弦
    - 三是想周全
    - 四是抓到位
  - 轻松的事小心办
    - 一要办好小事
    - 二要小心办事
    - 三要严格标准
  - 熟悉的事陌生办
    - 一是遇事找依据
    - 二是行前先问路
    - 三是途中多看看
    - 四是精心加诚心
  - 生疏的事谨慎办
    - 一要懂政策
    - 二要明程序
    - 三要多学习
  - 所有的事快速办
    - 一要管理时间
    - 二要提升效率
    - 三要养成习惯
    - 四要雷厉风行

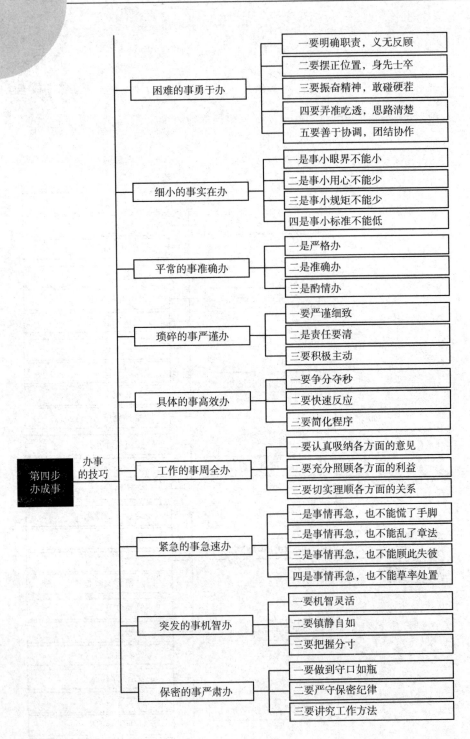

第四步
办成事

办事
的技巧

困难的事勇于办
- 一要明确职责，义无反顾
- 二要摆正位置，身先士卒
- 三要振奋精神，敢碰硬茬
- 四要弄准吃透，思路清楚
- 五要善于协调，团结协作

细小的事实在办
- 一是事小眼界不能小
- 二是事小用心不能少
- 三是事小规矩不能少
- 四是事小标准不能低

平常的事准确办
- 一是严格办
- 二是准确办
- 三是酌情办

琐碎的事严谨办
- 一要严谨细致
- 二是责任要清
- 三要积极主动

具体的事高效办
- 一要争分夺秒
- 二要快速反应
- 三要简化程序

工作的事周全办
- 一要认真吸纳各方面的意见
- 二要充分照顾各方面的利益
- 三要切实理顺各方面的关系

紧急的事急速办
- 一是事情再急，也不能慌了手脚
- 二是事情再急，也不能乱了章法
- 三是事情再急，也不能顾此失彼
- 四是事情再急，也不能草率处置

突发的事机智办
- 一要机智灵活
- 二要镇静自如
- 三要把握分寸

保密的事严肃办
- 一要做到守口如瓶
- 二要严守保密纪律
- 三要讲究工作方法

　　如果说，善于谋事，有办事的能力，只是停留在"知"的层次上，那么，做事、成事才能把"知"落实到"行"这一层面。只有把事办成，才能达到"知行合一"，才能真正体现出机关干部的能力和水平。习近平总书记指出"空谈误国，实干兴邦"，必须坚持把能不能成事、能成多大的事作为衡量干部现实成绩和培养潜力的重要标准。

一、重要的事细致办

　　天下大事，必作于细。机关干部在承办重大事情的时候，一定要心细如发，一丝不苟。

　　人们常说，"吕端大事不糊涂"，指的是宋太宗时的宰相吕端处置大事非常细致。

　　当时，宋太宗病危，内侍王继恩等忌恨太子赵恒（即后来的真宗）英明过人，就私下里同参知政事李昌龄等密谋废掉赵恒，另立楚王赵元佐为皇位继承人。吕端到宫禁中去探问皇帝的病情，发现太子不在皇帝身边，马上在笏上写了"病危"二字，命令自己身边可靠的官员请太子立刻入宫伺候，使王继恩等人的阴谋一时难以得逞。

　　太宗死后，李皇后叫王继恩召吕端进宫。吕端预料皇位的继承人要发生变化，马上哄骗王继恩，让他领着进书阁检查太宗生前亲笔书写的册立太子的诏书，然后顺势把王继恩锁在阁内，使他一时不能出来，这才入宫。皇后说："皇帝已经去世，立太子应立长子，这是理所当然的事。"吕端说："先帝立太子，才刚刚一年。现在天子刚刚离去，难道马上就违抗天子的命令吗？"皇后被问得哑口无言，只好拥戴太子继承皇位。真宗举行登基仪式，座位前垂着帘帏，接受群臣朝拜。吕端平静地站在殿下，先不拜天子，而是请求天子卷起帘帏，他上前仔细看过，认清了确实是原太子，这才下台阶，带领群臣三跪九叩，高呼万岁。

接着，他又把那几个犯上作乱的分子发配到外地，彻底平息了这场争端，确保了大宋政权最高权力的顺利交接。

大事都是关系全局的重要事情。大事面前，稍有不慎就会带来不可估量的损失。所以，机关干部在大是大非面前，头脑要非常清楚，想得要非常细致，做得要非常周全，不能有半点儿大意与疏忽。

（一）头脑清

在重大问题的承办上经受住了考验，方能受得起重托，担得起大任。具体说，在处理领导十分关注的问题、群众十分敏感的问题、涉及党群关系和国际国内关系等事情上，一定要有如临深渊、如履薄冰的谨慎态度，办得有根有据，有章有法，有理有节，有始有终。

（二）重格局

曾国藩说："谋大事者首重格局。"做事，最忌讳畏畏缩缩，胸中没有格局，走一步算一步。"坐拥云起处，心容大江流。"只有站得更高，看得更远，才能做得更大。因而，我们在工作中必须有全局意识。只知埋头苦干是远远不够的。这是一个激扬创新的时代，不能永远指望有引路人帮你规划前途、设立路标。真正优秀的人要走一步看三步，能够长远规划，高瞻远瞩，这样才能走在时代的最前沿。

（三）顾大局

我们想要办好大事，做好重要的事，赢得人心，就要讲大局、懂大局和谋大局，想问题、办事情，都以集体利益为重，一切从大局出发。顾全大局是集体主义思想的核心表现。有了服从和服务于大局的意识，才能借团队之力，迎来成功，才不会为了满足个人私欲，而破坏组织和谐、损害集体利益。如果私心太重，各行其是，各自为政，你争我斗，不仅增加了组织的内耗，使组织在解决内耗中失去发展良机，而且也影响了自己的学习和工作效率，从而错失良机，贻误发展。

二、特别的事特殊办

"特事"指的是"特别"的事情。可能是新出现的问题，过去没有遇见过，也可能是非解决不可，但现行的法规条文又没有明确规范的问题等等。也就是说，特事都是超常规的事情，按常规的办法办不了，办不好。这就需要在办事时灵活处置，用特别的措施、特别的手段来办理，即所谓"特殊情况特殊处理"。"特事特办"必须把握原则性与灵活性的高度统一。

（一）公正办

因为"特事"都是非常规的，"参照系"不足，全凭办事者"摸着石头过河"，有一定的风险。所以，办"特事"时，一定要出以公心，公正处事，慎重从事，不能打着"特办"的旗号，办那些不该办的事。说得直接一些，就是不能办损公肥私，损人利己，只对个人和小团体利益有好处的事。

（二）因事办

在遇到特别的事情时，要具体情况具体分析，一种方法不成，再换一种方法。对待不同的人、不同的事，要针对他们不同的特点，采取不同的办法。尤其是对于突如其来的变化，办事者要反应灵敏，及时准确地做出适当反应，根据不同的事情采取不同的对策。处理不同的事情采用不同的方法和技巧，灵活机动，因事制宜，才能把特别的事办好。

（三）变通办

许多事情从道理上讲好办，但真正操作起来却不那么简单。比如，领导有时交办一些公私兼顾的事或纯粹的私事，有些可以去办，有些涉及原则问题不好办、不能办。对有违规嫌疑的特殊事情，不能搞"上有政策下有对策"、以打"擦边球"的方式去办，也不能以各种名义进行"变通"去办。但也不要生硬回绝领导，而应区别对待，对其中不违背原则的，可以剥离出来，慎重去办；对于涉及违反政策规定的事情，应及时提醒领导，使他主动放弃这种打算。尤其在当前新的形势下，更要坚持原则，决不能糊涂办事，违规办事。

三、重大的事清楚办

机关干部要增强把握大势、纵观全局的能力，集中精力抓大事、谋大事、成大事。要抓具体，但不能陷于具体，否则，若天天忙于"头痛医头、脚痛医脚"的救火队式的工作，就容易陷入事务主义的泥潭，最终将一事无成，碌碌无为。

在重大事情面前，要做到以下几点。

（一）眼光远

这里说的眼光，就是敏锐的政治眼光、宽广的世界眼光、深邃的全局眼光、辩证的哲学眼光、睿智的战略眼光。在重大的事情处理上，尤其需要这"五种眼光"，登高望远，才不会短视、近视，不会散光、模糊，也才能透过现象看本质。机关工作千头万绪，要做到抓重大的事，必须强化大局意识和战略意识，开阔眼界，立足全局，通盘透视，善于从形势的发展变化中敏锐把握工作大势，善于从工作的发展态势中准确把握工作重心，善于从繁杂的头绪中清醒把握工作重点，切实认清全局，抓住大事，防止大小不分陷于具体事务。

（二）绷紧弦

遇事要有如临深渊、如履薄冰的心理状态。尤其对重大的事情要想清楚，头脑中始终要有"讲政治"这根弦，严格按程序去办。

（三）想周全

对全局性的大事，一定要见事早、想在前，超前思考研究，超前分析预测，超前运筹谋划，及时形成思路、拿出对策、提出建议，切实抓住机遇，抢占先机，增强工作主动性、前瞻性、预见性，防止反应迟钝、工作被动。

（四）抓到位

重大的事一旦认准确定，就要紧紧围绕党委和领导的决策意图推进工作，精心筹划设计，周密部署安排，及时跟进指导，切实做到聚精会神，全力以赴，扭住不放，一抓到底，增强贯彻力执行力，确保抓出成效、抓出质量，防止抓而不紧、抓而不实。

四、轻松的事小心办

工作中常常有这样的情况：一个会议上出现主席台座次没排好，有的领导的文件没送到位；一个材料写得很好，就是因为出了几个错别字，会让人感觉好像一盘菜吃出了苍蝇似的。可以说，一个会议的主持词，一个请示批复，一个情况报告，若出现错误，就会影响一个干部、一个部门甚至整个单位的形象。现实生活中，这样的教训很多。仔细想想，因小失大，真是得不偿失。

（一）办好小事

机关的编制是按职责、要求和任务而设置的，每一个部门都有相对独立的工作。无论是领导比较关注的中心工作、重点工作，还是经常性的业务工作，都是一个相互联系、密不可分的有机整体，哪一项工作都不能小看，哪一件事情都不能轻视。无数事实证明，机关工作无小事，小事办不好就是大事，会造成严重后果。

（二）小心办事

严格的制度规范、约定俗成的习惯等，是我们办事的依据。无论多么轻松的事，即使是办理小事，也不能掉以轻心，不能因事小而不讲制度，不能因事小而简化程序。小事并不等于简单。有些小事干起来非常麻烦，有时很小的一件事，需要返工好几次才能办成。有时事情不来便罢，一来就挤在一起，这件需要办，那件也要管。这个时候容易产生厌烦、浮躁情绪。所以，特别需要耐心和恒心，要不厌其小，不厌其碎，不厌其烦。

（三）严格标准

即使是轻松的容易办好的事，也要做成精品，做出境界。要准确领会上级精神和领导意图，准确上传下达，做到一丝不苟，一字不差。要务求时效。过了规定的时限，事办得再好，也没有意义了。对轻松的事，要雷厉风行，反应快，行动快，坚决在规定内时限完成。此外个别小事时间跨度大，久拖不决，要特别细心，不能忘事，更不能漏事。要始终关注事情的发展变化，什么时间办到哪一步，要心中有数，有头有尾，确保落实。

五、熟悉的事陌生办

这就是熟事生办。所谓"熟事生办"就是把熟悉的事情当作不熟悉的事情来认真对待，慎重办理。

这是因为，机关工作大都是常识性的、程序性的。但是许多事实证明，越是自己熟悉的事情，越容易产生麻痹心理。不少事情出纰漏，恰恰是因为对它太熟悉而掉以轻心所致。

俗话说"淹死会水的""小水沟里翻大船"，就是警告人们对熟悉的事情千万不要大意，否则就要出问题。

机关干部不能凭想当然、凭自己丰富的想象去干一项工作。在办事时要注意三点。

（一）遇事找依据

标准是什么，要求是什么，政策有哪些变化，先把规矩找出来，特别是熟悉的工作也要查准弄清再办。机关干部经常参加有关会议或随首长出差，要围绕研究议题或调查内容，把相关资料汇集起来，必要时带上"老师"，首长提问时能一口清、一口准，增强说服力。

（二）行前先问路

要先把领导意图弄清楚，不能车已开动、上路了，还不知干什么去。掌握领导意图是做好工作的基本要求，意图清，才能方向明，思路才能对到点上。否则，糊里糊涂干，干得越多可能偏离越远。

（三）途中多看看

要经常抬头，盯住自己的目标，一步一步向前迈进；要经常回头，回头看看自己走过的路，有哪些成功经验，有哪些可吸取的教训，不断修正航向；要经常看看左邻右舍，自己脱离队伍没有，让自己始终在行进行列里。

（四）精心加诚心

精心就是精益求精做好自己的工作。再熟悉的事情，也要坚持高标准，不能粗枝大叶、马虎应付、自以为是、得过且过。诚心，就是真心实意、兢兢业业地做工作。有位学者说过，"敬业需要注意两件事：即已着手之工作必须完成，已接受之事务必诚实为之"。不用心地干工作，再熟悉的也可能干不好。对此，我们一定要慎之、再慎之。

六、生疏的事谨慎办

这就是我们常说的"生事慎办"。每一个人都会遇到这种情况，你不可能老是在自己熟悉的领域打转转，总要有工作岗位和工作任务的转换，必然会面对陌生的事物。而一个人无论多么聪明，多么有才华，他的知识和本领也是有限的。所以，涉足陌生的领域，处理陌生的事情，应谨慎行事，切忌自负轻率，鲁莽冒失。

任何事情都有其内在的规律和要求，没有办过的不能自以为是，自作聪明，要以老实虚心的态度，慎重对待。

（一）懂政策

每项工作都有具体的政策、规定、要求，离开这些，工作就没有依据，就无法开展。机关干部对于政策问题，要做到熟悉本职的、掌握相关的、了解其他的，不能局限于某一个部门、某一项工作。在参与某一项工作之前，要抽出时间对相关政策、资料熟悉一下，有备无患，同时也有助于深入研究问题。把生疏的事做熟练，机关干部必须熟练掌握经常性的业务工作，否则就无法工作。碰到生疏的事或领导交办的未曾遇到的事，要认真对待。

一按程序。按程序办事是机关干部工作的重要经验。要熟悉岗位工作流程，碰到生疏的事，严格按程序和有关法律法规办事，该请示的请示，该报告的报告，决不能自以为是，想当然。

二看以往。许多事情在以前都出现过，只是自己没有处理这方面事情的经验，因此，碰到自己未处理过的事，可以看一看过去是怎么办的，碰到的事有什么新情况，可以怎样解决，然后提出切实可行的意见和建议。

三看领导，要认真领会领导意图，对弄不清的要想办法问清，不能似懂非懂，以致最后完成了不符合领导要求。

四要不怕反复。机关工作有许多是反反复复，很难一步到位的。特别是碰到生疏的事，更要多思多改，在反复中不断思索，不断修正，不断完善，反复推敲，反复提炼，制定切实可行的方案和措施，在反复中熟练，在反复中把事情做好做精。

（二）明程序

程序是科学，是规律。机关工作不能随心所欲，办任何一件事情，都按照程序来。该请示的问题绝不能自作主张，该坚持的顺序绝不能随意颠倒，该落实的步骤绝不能轻易省略。因此，在办事之前，对于这件事情的办事程序，一定要搞清楚，不能凭感觉或想当然办事，该请示的请示，该报告的报告。对于一些请示渠道、行文格式、规定也要弄明白。即使再陌生的事，只要一步步按程序办理，同样可以办好。比如，请示报告是机关工作最基本的程序，无论是上级交办的事情，还是按照职责应办的事情，该请示的要请示，该汇报的要汇报，该研究的要提交研究，不能擅作主张，随意处理。

（三）多学习

人最重要的是要有自知之明。有位哲人说过："一个人最大的财富是内心拥有清醒的自我，认识自我是实现自我价值的第一条件。"做人做事，既不必妄自菲薄，也不能妄自尊大。"嘴勤不走冤枉路"，再生疏的事情，只要虚心学习，虚心求教，也是能办好的。机关干部一定要记住这一忠告：只要是不明确、不熟悉的工作，一定要下功夫搞明白，力求熟悉它、精通它。

七、所有的事快速办

我国自古就有"今日事今日毕"的格言。刘伯承元帅曾提出，机关人员要"案无积卷""事不过夜"。他还把快速办事的要求具体化：第一，了解情况要快。以最快的速度了解情况，以最简洁的方法提出报告。第二，研究情况要快。不能慢条斯理，而应是生活在情况变化之中。第三，计划、部署要快。第四，传达命令要快。要善于使用快速通信手段和尽可能现代化的指挥器材。第五，总结经验、捕捉战机要快。

事情有难易之分，有大小之别。我们平时为了办好一件事，也要根据事情的轻重采取行动，应该知道什么是自己该干的，什么是可以委托他人干的，什么是不可以干的。因事而变，才能把事情快速办好。

（一）管理时间

以分清主次的办法来统筹时间，把时间用在最有"生产力"的地方。练习分清事情的轻重缓急，逐步学习安排整块与零散时间。不要避重就轻。事情肯定会有轻重缓急，先集中时间，把最重要的先完成。同时，利用零散的时间做事，尤其是烦琐的杂务。

（二）提升效率

提倡有事快办，是节约时间或争取时间的有效方法。对于机关干部来说，存在着两类时间：一类是自己能够控制的时间，称作"自主时间"，另一类是对他人或事情的反应时间，不能自由支配，称作"应对时间"。实际上，机关干部作为公务人员，其自主时间大都是通过"有事快办"挤出来的。

（三）养成习惯

"有事快办"也是一种好的习惯。许多人在大事上紧张不起来，在关键时刻利索不上去，大多是因为在小事上拖拉惯了，突然需要进入紧张状态时，便"心有余而力不足"。所以，大凡会办事的人，都能做到越是不急的事情，越是抓紧时间办。早办可以把精力转到其他工作或学习上。对于机关干部来说，要努力做到：信息不在我手里梗塞，文件不在我手里积压，事情不在我手里延误，工作不在我手里拖延。

（四）雷厉风行

贯彻领导指示必须态度坚决，行动迅速。定了的事，一定要大刀阔斧地去干，讲求工作效率，做到领会意图快，提出建议快，传达落实快，报告反馈快。不仅要能坐下来，"静如处子"，而且在办事的时候，要风风火火，"动如脱兔"。要养成"割尾巴"的习惯，当日事当日毕。

八、困难的事勇于办

我们在机关工作中，也经常会遇到一些困难的事。解难题、办难事、打硬仗是对机关干部的真正考验。

在应付处置事务的过程中，不乏一些超出预见、超出职责、难以料理的事情。对这些事，是上推下卸，绕着走，还是主动出击，迎着上，这不仅反映了机关干部的工作水平，更是对他们的责任感和工作态度的一种检验。

一个称职的机关干部就必须坚持：不怕揽矛盾，敢于冲在前面；不怕丢面子，个人受点委屈也无所谓；不怕得罪恶人，将自己荣辱名利抛于脑后；不怕找麻烦，跑断腿，磨破嘴，饿扁肚也心甘情愿。要做到这些，应要求自己做到以下几点。

（一）明确职责，义无反顾

机关干部的职责是什么，要心里始终清楚，遇到的事情不管多难，都应义无反顾，挺身而出。

（二）摆正位置，身先士卒

在关键时刻，机关干部要替领导分忧解愁，这是职责义务。

机关干部要坚决完成领导交办的事，摆正位置，知道自己的坐标，而且面对问题，要当表率，迅速及时，绝不拖沓。对自己分管的工作，敢于负责，堂堂正正；对自己做错了事，自己要扛起来，绝不推诿。

（三）振奋精神，敢碰硬茬

要始终保持昂扬的斗志，不因暂时的顺利而骄傲松懈，也不因暂时的困难而灰心丧气，把各项具体措施扎扎实实地制定好、落实好。要敢于碰硬茬，否则，一味追求和为贵，别人不把你当回事，协调苍白无力，处事优柔寡断，就会什么问题也解决不了，什么事也办不成。

（四）弄准吃透，思路清楚

把事情搞全、吃透，把情况核实、弄准，把关系理顺、摆正，综合分析，理清思路。要咬定青山不放松，不达目的不收兵，把难事盯住、盯紧，抓住不放，一抓到底。

（五）善于协调，团结协作

处理问题不能一个面孔、一个腔调、一种方法，要带着感情做工作，大道理要讲，小道理也不可不说，既讲原则，又讲灵活，因人因事施法。机关是一个协作的群体，同志之间、部门之间一定要相互支持、相互配合。各个部门虽然各管一摊，实际上工作都是互相联系的，都是为了单位建设。从这个目标出发，一定要团结协作。要少扯皮，少推诿，多帮忙，同志之间要互相提携，拾遗补阙，只要有精力，尽量伸出援助之手。部门之间，有些工作是交叉的，分不那么清楚，有些工作要几个部门一起来做，只要有力量，就主动多承担一些。如果你推给我，我推给你，吃苦的事交给别人，得利的事揽给自己；当着领导都接受，背着领导都推掉，是最影响协作关系的。

九、细小的事实在办

作为机关干部对大事都能高度重视，抓紧抓好。但对不起眼的小事，却容易出现这样那样的失误，造成一些消极影响。这里有思想认识上的问题，也有工作方法上的问题。

（一）事小眼界不能小

做好细微之事，要宏观在握。小事有时并不小，它连着大事，做不好就可能变成牵扯全局的大事。"天下大事，必作于细"，其中也含有这个道理。只有做好小事，才有资格做大事。做好细微之事，眼界一定要开阔。

要洞察全局。要把小事放在全局的角度来思考，才能开阔眼界，拓宽思路，把小事看得更加透彻、更加明亮。做到这一点，从大的方面讲，就是心中装着党、国家的相关方针政策，特别是本级党委的总体思路、指导思想、原则规定等，这些是做好本职工作的基本方向，具有重要的指导意义。做好细小工作，应以此为准绳，做到围绕大局做小事、紧贴中心做小事，保证小事始终沿着正确的方向运行。

要抓住关键。一件事不管大小，往往都有一个或几个难以突破的关键环节，突破这些关键环节，办起来就会势如破竹。承办具体事情，要弄清所办之事在整个事情中的分量是轻是重，位置是前是后，时间是急是缓，经费是多是少等等。做到重点任务清，具体要求清，操作程序清，把力量用在关键处，用在最佳时机，以最小付出、用最好形式把小事办得精巧而得体。

要善于协调。细小工作虽然很小，但有时并不是自己能单独完成的，会受到人力、物力、财力等诸多因素的影响，牵扯面不小。机关干部要主动协调、及时协调，调动方方面面的力量，妥善处理上下左右的关系；要善于因势利导，趋利避害，化不利因素为有利因素，创造一个和谐顺畅的小环境，保证各项工作能按时高效完成。

要把握变数。定好的事突然改变已不鲜见。这就要求机关干部事事关心、处处留心，敏锐捕捉事情变化的信息，及时掌握出现的新情况、新问题，跟踪事态的发展，做到不管风云如何变化，都胸有成竹、应对自如。

（二）事小用心不能少

做好细微之事，要有责任意识。做好一两件小事不难，做好一两天小事也不难，但一以贯之，坚持不懈地把小事做得精巧而得体，却很不容易，它需要强烈的事业心、持久的耐心和非常的细心。通常情况下，一项大任务在主要环节的部署安排上，领导抓得比较紧，大家都很重视。但一些小环节、小部位、小细节、小动作大都由机关干部独立完成。小事情看上去是举手之劳，但也容易出错。

不能想当然。机关越大，分工越细，关口越多，结合部越多，都管都不管的事也越多。这些事情，不能侥幸地去"感觉"，要格外用心，万分重视，尽可能亲自到位。了解情况，不道听途说，不当"二道贩子"，不能把来源不可靠的信息当作事实，更不能对自己有利的就多听一些，不利的就不听或少听，偏听偏信。领导交办但不甚明确的事，更不能"合理想象，正常推理"，要通过请示汇报等途径，准确领会。自己把握不准的问题，要向权威部门、权威人士请教，确实找到可靠依据，把问题弄准、弄透，做到全面、周密、细致。

不能得过且过。对小事要有一个正确的认识，端正态度，提高工作标准，不因事小而马虎。俗话说，得过且过不会好过。当许多事挤到一块，紧张多日没有得到很好休息时，某一件小事反复多次仍未了结时，心理上会产生一种麻痹、厌烦、浮躁情绪，会自觉不自觉地放松自己，降低工作的标准和要求，并容易产生"泡沫工程"。这时就应自我提醒，调节情绪，调整工作姿态，重新以饱满的热情、认真严谨的态度投入工作。对临时安排的急事，要在准确的前提下快速认真处理，而不能因为急而马虎大意。

不能只凭经验办事。在过去的经验里，很难找到和现在一模一样的细节。经验可以省事，也可以误事，因为事物每时每刻都在变，过去某种方式、方法能办妥的事，现在不一定能同样办成，单纯用老经验去套、去搬，可能会出事。

（三）事小规矩不能少

做好细微之事，要依法而行，讲究秩序。俗话说，"制度落地生根，隐患无处可藏。"这个制度可以理解为办事的规矩，如规定、程序等等，它是机关办事的依据。

要严格程序。不论事情多小，都应按规而行，不能因为事小而不讲制度，不能因为琐碎忽略程序。要养成按程序办事的习惯，逐级请示报告，按级呈文办事，不图省事、方便，不漏任何一个细小的环节。办小事也要讲"封闭"，特别是一些重要的小事，怎么办的、办的效果如何等都要向领导汇报。

要讲究时效。过了一定的时限，事办得再好，也没有意义。因此，要努力培养雷厉风行的过硬作风，做到领会领导意图快、反应快、行动快、办事干净利索，坚决在规定时间内完成任务。遇到忙的时候，注意提醒自己，加班加点，尽量往前赶，做到"今日事今日毕"。注重"成功率"，不能忙而出错、忙而出乱，保证办一件事成一件事，不留尾巴。

要把握节奏。不同的工作任务或相同任务在不同的时期，都要有不同的工作节奏，这对于保质保量完成任务是非常必要的。小事情再小，处理时也要把握好节奏。很多人都会存在过急的问题。有时想把事立即办好，看上去工作热情很高，实际上违背了规律，使工作没有做好。因此，办小事要把握好"度"，做到有急有缓，有张有弛，一环扣一环抓好落实，一步一个脚印地做好工作。

要注意总结。规律是总结出来的。在工作实践中对规律认识得越深刻，运用得越熟练，干起工作来也就越具有预见性、超前性，也就越主动，越富有成效。如为了防止忘事、错事，老的机关干部总结出来的"记事本上常看看，做完一件画杠杠""人在事中迷，互相提一提"等方法，都非常有效。要防止过眼不入脑，提倡事过细思量，经常回头看，查找成在何处、败在何处，从中吸取经验教训，才能增长知识才干。

（四）事小标准不能低

做好细微之事，要树立精品观念。美国著名将领巴顿曾说过，我挖厕所也要挖出天下最好的厕所。正因为他小事精心，才成为一代名将。因各种因素的限制，不是人人都有条件做大事的，但人人都有能力做好小事。掏粪工人时传祥受到国家领导人嘉奖，上海的徐虎为居民维修水电被人们称为"晚上八九点的太阳"。可见，小事不小，小事里面见精神、见人品。善于做小事的人，能把小事做出大境界。

靠耐心。做好小事，不但要有吃苦受难的思想准备，更要有精雕细刻的耐心，不怕反复，经得起磨。要不怕琐碎，经得起乱。在同一时间内受领两项任务或多项任务，或者几个领导都赋予了不同任务，其中有并列、有交叉、有重合，要不厌其小、不厌其碎，科学合理安排，周密细致，把零碎的小事系统化，理清思路，有条有理，样样到位。

靠准确。准确领会上级精神和领导的真实意图，准确上传下达领导指示和有关情况，在规定时限内完成领导交办的各种事项。谋划工作以细求准，考虑到每一个细节和可能发生的变化，减少随意性、临时性的事情发生。掌握情况细，了解情况深，不但了解现状，而且了解历史、未来；不但了解当事人，而且了解左邻右舍，确保真实、客观、公正；相关的政策、法规等，做到一口清、一口准。组织落实以细求准，该亲自到位的一定要到位，不遥控指挥，不当二传手；有时间、距离、次数、字数、份数等明确要求的，要精确到尽可能小的计量单位，确保办事百分之百的准确。

靠创新。创新不分事情大小，小事也能有作为。有的小事，虽然不起眼，解决起来却左右为难，久拖不决会成为影响全局工作进程的瓶颈。对这些"老小难"，要大胆解放思想，打破思维定式，善于从新的视角，用新的思维方法，探索新形式、新路子、新方法。要在比较中创新，和过去或别人经历过的事比较，和相类似的事情比较，利利相较取其大，利弊相较取其利，充分权衡并选择运用新手段、新途径，大胆吸取经验教训，把小事干得干净利索、稳当妥帖。要在抓问题中创新，问题是创新的"兴奋点"，努力在小事中发现不小的苗头，多看一看已经解决了的问题背后还有没有问题，多想一想司空见惯的事情背后还有没有问题，多观察、多思考、多积累，以推陈出新。

十、平常的事准确办

机关事务，有的领导有明确指示，有的事情本身有具体要求，有的虽然没有明确的要求但也有很强的目标性，也就是说，事务怎么办理、办到什么程度、达到什么结果，都要按照有关要求去办，如果偏离了这些意图、要求和目标，事情不可能办好、办成功，只能算是"败笔"。因此，机关干部在平常的事务处理上，做到准确无误，是最基本的要求。

机关工作虽然在某种程度上具有被动性的特点，但不能认为自己的职责就是领导叫干什么就干什么，工作中遇到什么就办什么，有事就干，无事就等，把自己完全置于被动应付的地位。

机关事务中，再平常的工作也要积极主动，充分发挥主观能动性，想领导所想，急领导所急，帮领导所需，不能有消极依赖情绪和等靠思想，想方设法克服困难，排除障碍，千方百计把事情办好，主动当好领导的参谋和助手。

（一）严格办

对于领导有明确指示的事务，要按照领导指示不折不扣地办理。严格落实领导的意图，未经请示或授权，不可擅自做主，自行其是，随意变更。做到这一点，重点是要准确领会领导的意图，在贯彻执行中态度坚决，并在办理过程中及时向领导请示报告。

（二）准确办

对于有明确具体要求的事务，要按照有关要求不差毫厘地办理。比如，协调领导参加军地植树活动，必须把植树活动的有关安排和具体事项，如时间是几点钟、地点在哪里、什么人参加、着什么装、本单位的领导需要干什么、在什么时机讲什么话等，在与地方协调中都要搞得十分精确，不能有半点儿差错，不能含含糊糊、大概差不多，否则就要误事。这方面，周恩来同志为我们做出了榜样。他对下属办事的准确性要求特别严格，无论是汇报工作还是收集反映情况，绝不允许有"大概""差不多""也许""可能"等词语。战争年代机关参谋人员标地图有时出现"南岸""北岸"等字样，他就批评说，河流走向弯弯曲曲，很难用东西南北表达清楚，应该用"左岸""右岸"来表示。

（三）酌情办

对于没有明确具体要求的事务，要本着有利工作的原则，围绕大局合情合理办理。如领导到医院探视病人，但对购买慰问礼品没有具体交代，机关人员在办理这一事务时，就要从"探视病人"这件事情的客观实际出发，根据领导的身份、病人的身份以及当时的情境等，合理确定如何购买探视礼品。

十一、琐碎的事严谨办

机关工作，每天不都是有大事要事，大量的都是琐碎的小事。要过细地做工作，力戒忙中出错。

我国《婚姻法》规定，中华人民共和国实行一夫一妻制。有一个机关干部在给领导起草学习宣传《婚姻法》的讲话稿时，由于工作粗心，把"夫"字误打成了"天"字，始终没有校对出来，结果成了"中华人民共和国实行一天一妻制"，引得哄堂大笑。幸亏这名领导反应比较快，念后感到不对劲，马上加了一句话："那是不可能的，有这种想法的同志是要犯大错误的。"及时改了过来，否则这个"天"大的笑话，印成文字发表出去，就成了政治性的大问题。

校对文稿，是比较琐碎的小事，但小事不小，必须严谨细致，否则，就会造成工作上的失误。

因此，机关人员越是在工作繁杂、任务繁重的情况下，越要养成严谨细致的作风，这样才能事多而不忙乱、紧张而有秩序。严谨细致，表现在事务处理上，就是要考虑周全、思路清晰、程序严密、协调到位，始终坚持认真认真再认真、细致细致再细致、谨慎谨慎再谨慎的原则，对承办的每一项事务，都要精益求精、精雕细刻，真正做到一丝不苟、滴水不漏，把事办精到、办精细、办成精品。

（一）严谨细致

应该说，工作不认真、不细致，办事马马虎虎、粗枝大叶、丢三落四、纰漏不断的现象，在一些机关干部身上是存在的。细查起来，并不是这些同志工作水平不够，而是想得不够细。研究表明，人与人之间的差别是极小的，之所以有的人能够出类拔萃、脱颖而出、一帆风顺，而有的人历经坎坷、屡遭挫折，一个重要原因在于办事是否认真细致。认真是粗疏的克星，多点儿认真，错漏就会退避三舍。

（二）责任要清

要做到谁的事谁办，谁的工作谁干，出了问题找承办人。作为领导者，必须定人员，定任务，层层分解，明确分工，责任到人，多人干一项工作要确定牵头人。作为机关干部，要分清主次，哪件事是以我为主，哪件事是以我为辅，要区分清楚。以我为主的事要负责任，要把关，辅助的工作要服从、听招呼，主动想问题、主动完成任务。

（三）积极主动

琐碎的事做不好，也会出大纰漏。因而，要积极主动地去做，认真严谨地去做。决不能因为事情琐碎，就粗心大意，应付了事。《狼性执行》一书总结过两点：一是主动去做比什么都重要。被动，得到的只能是残羹剩饭。二是成功往往青睐主动去做的人，积极去行动，寻找适合自己的机遇，才有可能破茧成蝶。当领导给你一件琐碎的事情时，看看事情是长时间的还是即时的。如果是马上就能完成的，那你就要把事情分析一下，找到问题的根本，解决了本质问题，其他琐碎的问题好办了。如果是个长时间才能办好的事情，那你就要做个规划，制订最有效的方案，一步一步来，先解决当前最紧要的事物和基础的事情。如果遇到没有头绪的问题，只有一种办法——收集信息，不断尝试。

十二、具体的事高效办

机关处于中枢位置，在整体工作运转中起着承上启下、协调内外、沟通左右的重要作用，工作节奏快，紧急任务多，时限要求高，承办具体事务绝不能不紧不慢、松松垮垮、疲疲沓沓、拖拖拉拉。

高效办事就是要以最好的质量，最快的速度解决问题。高效，就是时间观念强，办事节奏快、效率高。这要求办事时精力集中，熟悉业务，工作程序科学，工作方法灵活。

（一）争分夺秒

要树立时间就是生命、时间就是效益的观念，养成"今日事今日毕"的良好习惯，有一种与时间赛跑的劲头，克服"一慢、二看、三等待"的拖拉作风，培养雷厉风行的工作作风，说了就办，定了就干，讲究时效，争分夺秒，迅速处理，急事急办，特事特办，在规定时限内抓紧完成，做到"案无积卷，事不过夜"，尽量把工作往前赶，打出提前量，宁可人等事，不让事等人，切实掌握工作主动权。

（二）快速反应

要加快工作节奏，提高工作效率，对于职责范围内的事，如开会下发通知，办一些具体小事等，要敢于负责，果断处理；职责范围外的事，要及时请示，快速办理；有些事情虽然要求不太急，但越是不急的事情，越要紧抓快办，早办早见效，早办早了事，努力做到工作不在自己手里积压，事情不在自己手里延误。

（三）简化程序

办事要减少中间环节，能简单的就不要搞复杂，能一次办成的就不要办两次，能亲自处理的就不要转托他人搞"二传"。

十三、工作的事周全办

机关干部在事务处理中，不仅要力求办成事，而且要力求把事办圆满、办稳妥、办周全。达到这一要求，要注意把握三点。

（一）认真吸纳各方面的意见

机关干部处理事务过程中，有来自上下、左右、内外等各个方面的意见。这些意见，不论是赞成的还是反对的，是正确的还是错误的，都弥足珍贵，是办好事务的有益财富。对于这些意见，要在分析鉴别的基础上，去粗存精，去伪存真，去劣存优，把正确意见、大多数人的意见吸收过来，切实让方方面面的意愿都能体现。

（二）充分照顾各方面的利益

处理事务，必然要牵涉有关方面的利益。在符合大局和原则的情况下，要尽可能地把各个方面的利益都考虑到、兼顾到，真正实现"双赢""互利"，让各方满意。

（三）切实理顺各方面的关系

机关事务处理，经常要面对和处理许多复杂的关系。可以说，一项事务的处理过程，就是与上下、左右、内外等各个方面的交往过程，对各种关系的处理过程。能否把各个方面的关系理顺当，不仅关系到眼前事务能否顺利地办理，而且涉及今后的交往和事情的处理。

因此，在处理事务的过程中，一定要讲协调、讲商量、讲大局、讲容让、讲服务、讲合作、讲理解、讲谅解、讲友谊、讲原则，切实把办事协调的过程变成加强团结、增进友谊、互帮互助的过程，办好一件事的同时，也结交一批朋友，营造一个和谐共事的良好氛围，让上级领导满意，让左邻右舍高兴，让内外朋友赞美。

十四、紧急的事急速办

机关工作一般都是按计划有序运转，不需要，也不可能天天处于高度紧张状态。而一旦遇上紧急事情，就需要加快节奏，加班加点，不怕疲劳，连续作战，在规定的期限内圆满完成任务。当然，我们说的"急事急办"，决不是遇事急躁，处事毛糙，乱了章法，慌了手脚。而是越在紧急情况下，越要追求办事的高成功率。遇到急事，先不要急，要先慢慢想清楚。一旦考虑成熟，就一定不要拖延，而要迅速行动。也就是说，要遇事不慌，稳重求快，实现速度和效益的统一。

当然，机关干部与领导不一样，领导可直接决定怎么办，机关干部必须按领导的意图来办。一般来说，办事前要请示，先奏后斩。处理紧急事情、突发事件，必要时可先斩后奏，或边斩边奏，如果"火烧眉毛"了，还按部就班地请示报告，就可能错过处理事情的最佳时机。严格追究起来，这也是一种失职行为。所以，机关干部在承办急事的时候，有一点必须记在心里，即不管有什么理由，"争分夺秒"是第一理由。在办事过程中，涉及面再广，环节再多，难度再大，也必须在时间允许的情况下办利索，否则就会失去意义。

　　日常事务纷繁杂乱、千变万化，不可能用一个固定的模式去处理，必须从实际出发，灵活处置。特别是遇到紧急情况，往往无政策可依，无经验可鉴，更需要机关干部发挥主观能动性，处理好原则性与灵活性的关系。只强调原则性，不讲灵活性，面对复杂的工作，就会变得死板固执，陷入教条主义的泥坑；只强调灵活性，不坚持原则性，面对各种感情纠缠和物质诱惑，就可能丧失原则，违反政策，走上邪路。二者都是我们要反对的。

　　处理紧急事件、紧急任务的水平能折射出机关干部的应变能力。近年来，我们的工作中，大事多，喜事多，急事也多，这就要求领导干部要学会"弹钢琴"，把所有的事都列出来，分分类、排排队，分清轻重缓急，逐项突破。尤其是在处理突发性事件时，更要保持清醒的头脑，不慌不乱，不急不躁，妥善处理各种矛盾纠纷，控制事态发展。

（一）事情再急，也不能慌了手脚

　　"司马光砸缸救人"的故事大家都熟悉，我觉得这称得上是"急事稳办"的一个成功典例。

　　面对突如其来的变故，要镇定自若，不能因此乱了方寸，这是把急事办好的前提。

　　美国总统西奥多·罗斯福在1912年参加总统竞选时，一次在密尔沃基准备发表演说，有个人向他开枪射击，并击中了他的右胸。幸亏他的口袋里装着钢制眼镜盒和演讲稿，使他免于丧命，但他受伤不轻。见此情景，随行的人员都很紧张，医生坚持要把他送到医院。罗斯福却保持高度的镇定，他斩钉截铁地说："我要去演讲，你们要保持镇定；在我作完演讲之前，我是不会到医院去的。"他说完，就命令轿车直奔演讲的礼堂而去。当时，人们都已经听说了他被枪击的事情，以为他不会来了。但罗斯福在"要么发表演说，要么就死，非此即彼"的意志支撑下，一步一步地走向讲台。他面带微笑地向人们招手，礼堂中的人纷纷从座位上站起来，发出爱戴的惊呼和同情的感叹。罗斯福掏出他那带血的讲稿，开始了一个半小时的演讲，他的声音虽然近乎微弱，但在死一般寂静的大厅里听来却铿锵有力、掷地有声。人们对他的精彩演讲，同时也对他的坚强意志——极大的承受力和忍耐力——报以雷鸣般的掌声。在关键时刻，罗斯福处变不惊，以顽强的意志完成了这次演讲，征服了千百万支持者的心，在更多的选民中树立了威信。

这些事例也启示我们，无论什么事情，无论情况多么紧急、危急，只要遇事不慌，沉着应对，开动脑筋，总会想出破解的"金钥匙"。地荒了打不出粮，人慌了办不好事，我们要记住这个常识。

（二）事情再急，也不能乱了章法

机关工作是有规则、有程序的，不论事情多么紧急，也要按规则办，按程序办，不能乱了章法、乱了规矩。无论事情急缓，都应当按职责办、按权限办、按规章制度办、按现行法规办，不能出现越权、越位、越轨或越俎代庖等问题。

一级对一级负责，一级领导一级，这是机关工作体制决定的。一级就是一道关口，就是避免出错的一个闸门。表面上看这是一个工作步骤问题，实际上是一个逐级负责、逐级把关的问题。不按程序办，越级、越权、越位、越线，就会使简单问题复杂化，正常问题敏感化，疑难问题严重化，进而影响工作质量和效率。

（三）事情再急，也不能顾此失彼

我们说的"急事稳办"，还有一个重要方面，就是在办事的过程中，无论事情多么紧急，都要全面考虑、周详处置，不顾此失彼。解决一个问题，不能引发出另一个问题，也不能埋下重大隐患、留下后遗症。这方面的经验教训很多。

20世纪70年代，盛传周恩来总理机智处理九龙杯的故事。这件"急事"处理得就非常稳妥。当时，中方在上海一家著名饭店宴请外宾，一位中等身材的外宾被餐桌上摆放的九龙玉杯所吸引，赞叹不已。他趁人不注意，顺手把一只九龙杯塞进了自己的公文包。外宾的这一举动，被饭店的服务员看在眼里，并立即向经理做了汇报。经理觉得此事比较棘手，如果直接到外宾的公文包里翻取，外宾会提出抗议，造成不良国际影响；如果想法把外宾引开，也不行，因为这时他肯定不会让公文包离身；如果等到明天外宾离开饭店时扣下来，又怕夜长梦多，夜间发生变故。

正在一筹莫展之际，经理忽然想到周恩来总理在上海，于是他们向周总理做了汇报。总理听后说："九龙杯是我们的国宝，一定要追回来，而且要有礼貌、不伤感情地追回来。"接着，周总理问晚上外宾安排什么活动，当听说宴会后安排外宾看杂技表演时，总理笑了，说："这不是很好嘛，让外宾欣赏一下中国杂技的神奇奥妙嘛！"

经过一番布置，杂技演出的最后一个节目是魔术。只见舞台中央的桌子上摆放着三只九龙杯，魔术师用一块黑方布将杯子盖起来，走开几步，掏出道具手枪，对准杯子开了一枪，然后揭开黑布一看，三只九龙杯只剩下两只。魔术师走下舞台，来到宴会上拿"九龙杯"的那个外宾面前，先鞠了一个躬，然后请他打开公文包。在这样的场合和气氛下，外宾不得不将公文包打开，魔术师从他的公文包里取出真的九龙杯，举在手上。此时，杂技场内响起雷鸣般的掌声。国宝九龙杯终于巧妙地取了回来。

（四）事情再急，也不能草率处置

这是因为，无论大小事情，若草率行事，都不可能把事情处理好。这方面的经验教训很多。

1938年11月，日军挟攻占武汉的声势，继续南下，攻占湘北重镇岳阳，兵锋直达新墙河，直接威胁到了长沙。

为了避免长沙成为第二个武汉，重庆临时政府蒋介石给时任湖南省主席的张治中发出急电：如果长沙守不住，在撤退之前，一定要把城市烧毁，不留任何资源给日军。此计划就是"焦土计划"

接到命令之后，张治中马上找到警卫司令和保安处长，商量如何将这个计划实施下去。最后，专门成立了100多个小组负责完成此次"焦土计划"。

11月13日凌晨，100多个小组纷纷带着火把到达指定点火地点，虽然中间出现了一些小失误，导致汽油烧毁了几间房屋，但并没有造成实际性的伤亡。

然而，让所有人没有想到的是，一封电报的失误竟然把整个计划给打乱了。

当时，前线发回了一份电报，称日军到了新墙河。这个地方和长沙相隔100多公里。而长沙电报员在急忙中出错，翻译的时候把"日军已到达新墙河"译成了"日军已到达新河"。

事实上，新河和长沙市的距离还不到10公里。所以当"日军已到达新河"的消息传到军营的时候，一些负责放火的小组，在没有接到命令的情况下开始放火，而其他小组的成员纷纷效仿，一时间长沙火光满天，许多人在睡梦中丧了命。

这一把大火整整烧了三个昼夜，严重受灾的房屋占90%，导致3万人被烧死，千年古城也成为了一片废墟。这场大火和花园口决堤、重庆大隧道防空洞惨案并称为抗战三大惨案。

　　真正的战斗还没开始，却发生了这样一场惨绝人寰的大火，实在令人痛心。而这个错误，竟然是一封加急电文草率中误译造成的。

　　由此可见，事情再急，也不能草率处事。遇到急事，一定要稳下神来，把来龙去脉调查研究清楚，把真相搞清楚，然后再做出决断，这样才能保证把事情办好。

十五、突发的事机智办

　　所谓"天有不测风云，人有旦夕祸福"。生活中的突发事件，仅凭经验显然是不够用的，还要靠机智。所谓机智，就是用智慧把握时机，用智慧随机应变地处理问题，而在恰当的时机采取恰当的方式，就是恰当地把握了处理突发事件的分寸。

（一）机智灵活

　　所谓突发性，就是突然发生，任何人无法估计它何时来临，所以任何人也无法预先做好应变的准备。

　　应付突发事件的最好办法就是顺势制宜，因为变故已经发生，我们无法将它复归于无，那么就只好镇定精神，坦然面对。顺势制宜的应变分寸在于，我们必须依据眼前的事情、势态，顺其发展，以争取时间，缓解对自己不利的现状，然后迅速开动脑筋寻找解决危机的方法。因此，这就需要平时多多读书，多多磨炼，才能让头脑充实，机智敏捷，反应灵活；还要练就敏捷的表达技巧，以及清晰的逻辑思维能力与语言素养。

（二）镇静自如

大千世界，人心不一。无论在社交场合还是在办事过程中，我们都可能遇到与我们观点相反、意见相左的人。当遇到这类棘手的问题时，最好避免与之正面交锋，你可以运用智慧另寻突破口，出奇制胜，化险为夷。

梁晓声是知青出身的著名作家，他创作的《这是一片神奇的土地》《今夜有暴风雪》《中国社会各阶层分析》等作品，深受广大读者的喜爱。

一次，英国一家电视台采访梁晓声，现场拍摄电视采访节目。采访记者四十多岁，是个老练机智的英国人。采访进行了一段时间后，记者将摄像停了下来，走到梁晓声面前说："下一个问题，希望您做到毫不迟疑地用最简短的一两个字，如'是'与'否'来回答。"梁晓声点头认可。遮镜板"啪"一声响，记者的录音话筒立刻就伸到梁晓声嘴边问："没有'文化大革命'，可能也不会产生你们这一代青年作家，那么'文化大革命'在你看来究竟是好是坏？"梁晓声一怔，未想到对方的提问竟如此之"刁"，分明有"诓"人上当之意。他灵机一动，立即反问："没有第二次世界大战，就没有以反映第二次世界大战而著名的作家，那么你认为第二次世界大战是好还是坏？"回答如此巧妙！英国记者不由一怔，摄像机立即停止了拍摄。

尴尬场合、尴尬局面的出现，往往是刹那间的事情，答非所问，就是在尴尬处境中临机应变的一种技巧，是回答提问的一种回避战术。如果对方提出的是我们不能回答或不想回答的问题时，我们可以巧妙地利用其他因素转移话题，让对方无法得到想知道的答案。

（三）把握分寸

在办事过程中，我们会经常遇到一些难以回答的问题。我们应该采取怎样的措施，在极短的时间内处理好极复杂的事情呢？南朝齐代有个著名的书画家叫王僧虔，是晋代王羲之的四世族孙。他的行书、楷书继承祖法，造诣很深，一手隶书也写得如行云流水般飘逸。当朝皇上齐高帝萧道成也是一个翰墨高手，而且自命不凡，不乐意听别人说自己的书法低于臣子。王僧虔因此很受拘束，不敢显露才能。

一天，齐高帝萧道成提出要和王僧虔比试书法高低。

于是君臣二人都认真写完了一幅字。写毕，齐高帝萧道成傲然问王僧虔："你说，谁为第一，谁为第二？"

若一般臣子，当然立即回答说"陛下第一"或"臣不如也"。但王僧虔也不愿贬低自己，明明自己的书法高于皇帝，为什么要作违心的回答呢？但他不敢得罪皇帝，怎么办？王僧虔眼珠子一转，竟说出一句流传千古的绝妙答词："臣书，臣中第一；陛下书，帝中第一。"

他巧妙地把臣子与皇帝的书法比赛分为两组，即"臣组"和"帝组"，并对之加以评比，既给皇帝戴了一顶高帽子，说他的书法是"皇帝中的第一"，满足了皇帝的冠军欲，又维护了他自己的荣誉和品格，使皇帝更敬重他的风骨，觉得他不是那种专门拍马屁的家伙。

果真，齐高帝萧道成听了，哈哈大笑，也不再追问两人到底谁为第一了。

由此可见，面对难题时应把握的应变分寸在于：

当你处在窘迫中时，大的方向是必须明辨事理，说话得当；从实际出发，视情况而定，有什么情况就采取什么行动。既要解决难题，又要让双方都满意。但有一点要特别注意：如果有人故意要跟你过不去，给你制造种种麻烦时，你千万不要生气，大动肝火，如果不能控制自己的情绪就只会激化矛盾，扩大事态，结果二虎相斗，两败俱伤。所以此时你既不能感情用事大发雷霆，也不能张口结舌，无所适从，唯一的办法是：头脑冷静，控制情绪，运用办事的技巧，特别是以你的应变术去对付。

十六、保密的事严肃办

机关地位重要，工作特殊，机关干部在办事的过程中，要经常参阅一些重要文件材料，参加一些重要会议活动，接触秘密多，知道秘密早，了解秘密深。许多事务涉及领导的行程活动，涉及党委和领导的决策意图，涉及单位建设的一些机密，涉及一些敏感问题，这些都不宜让更多的人知情，需要机关办事人员强化保密意识。

（一）做到守口如瓶

对领导交办的公事，尤其是组织部门考察干部、纪检部门查办案件、群秘部门跟随领导参加一些重要会议或活动等，接触到涉密的内容后，要守口如瓶，不能有丝毫泄漏，严格控制知情范围；否则，轻则影响工作，重则会造成严重后果。

（二）严守保密纪律

要严格遵守《中华人民共和国保守国家秘密法》的规定，严守保密纪律，自觉做到：不该说的国家秘密，绝对不说；不该问的国家秘密，绝对不问；不该看的国家秘密，绝对不看；不该记录的国家秘密，绝对不在非保密本上记录国家秘密；不擅自复制、留存、销毁国家秘密；不在私人通信中涉及国家秘密；不在公共场所和家属亲友面前谈论国家秘密；不在不利于保密的地方存放国家秘密文件、资料；不通过普通邮政、快递、普通信息网传达国家秘密事项；不携带国家秘密材料游览、参观和出入公共场所，切实养成保守秘密的良好习惯；等等。

（三）讲究工作方法

有了强烈的保密意识，懂得严格遵守保密纪律，如何做到和做好保密就体现在平时的各项工作中了，这就需要在工作中讲究工作方法，讲究保密艺术。比如，在与各种人员交往的过程中，要通过有效渠道弄清对方的身份，以便确定对其什么该说，什么不该说，说到什么程度，避免密从口出。另外，对领导交办的私事，也不能张扬；可能涉及领导之间或个人形象、威信的话语，更不能乱讲，防止造成不良影响。

会复命

——办事的结果

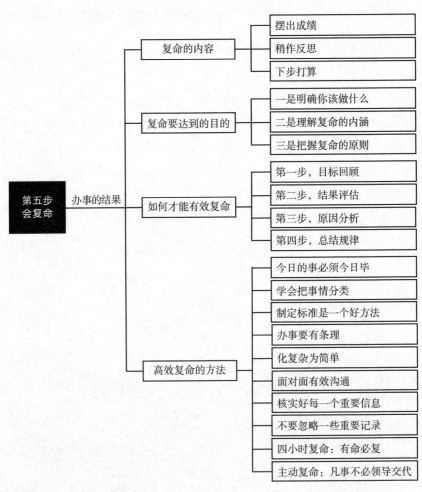

所谓"复命"，简单地说，就是执行命令后的回复，是下级对自己肩负的任务所达成的状态及时做出回复。

一、复命的内容

从一定意义上来说，复命也是一种总结。

首先，摆出成绩。就是对本人或者所在部门、所在单位已经完成的工作进行浓墨重彩的详细回顾，要从中体现我们在过去这段时间做了哪些工作。

其次，稍作反思。就是对工作中不足之处的几点反思，为了避免遮盖工作业绩的光芒，我们往往会对问题半遮半掩，对不足之处的原因分析也是不痛不痒。希望整个总结给人的感觉是"态度很端正，问题不严重"。

最后，下步打算。就是对下一阶段将要开展的主要工作进行的"宏观"规划。为什么是"宏观"规划呢？因为工作目标不明确，工作计划不具体。给人的感觉是我希望做什么事情，而不是我要做什么事情，我能做什么事情。

这是我们经常看到的总结模式。这其实是一种走过场的总结，是另一种不折不扣的形式主义。

其实，总结，既是成功做法的分析综合与提炼，也是一种反省。一些在机关工作时间长的同志，工作经验丰富，办事井井有条。他们都有一个共同点——善于总结。总结是提高的重要环节。一件事情办完后，要来一番认真系统的思考，看哪些事情办好了，哪些事情没办好，办好的事情有什么经验，没办好的事情有什么教训，从中找出规律性的东西，并有意识地把这些认识用于今后的工作实践，经过反复实践，反复思考，就会较大程度地提高我们的办事能力。

通过总结，我们不会再犯同样的错误。几乎所有的人都知道从失败中学习的重要性，习惯于在遭遇挫折或者失败后进行反省、总结，找出导致未达到预期结果或未实现目标的原因，以便吸取教训，避免在以后的工作中重蹈覆辙。

知其然还要知其所以然。尽管我们都有总结失败教训的习惯，但是却很少在工作取得成就后分析成功的原因。我们在成功之后更常见的行为是欢庆成功，然后自信地再出发，自以为会从一个胜利走向另一个胜利，却全然未看到前方之路上的一个又一个困难。如果这个时候我们能暂时停下脚步，进行反思和总结，就会让我们拥有一个更清醒的大脑和一双更明亮的眼睛。

为了总结规律和固化流程。承办一项工作，经过大家的群策群力，在流程、工作方法等方面都有了很多积累和创新。通过总结，可以从众多的成功或者失败的数据、案例中发现规律，确定在下一步工作中是继续试验、复核、验证，还是完全运用。通过总结，我们还可以思考能否将一些创新的工作流程和工作方法，做进一步的修订和完善，以便更好地应用到后续的工作中，或者推而广之应用到其他相似的工作中。

二、复命要达到的目的

在美国西点军校，凡是遇到军官问话，只能有四种回答："报告长官，是"，"报告长官，不是"，"报告长官，不知道"，"报告长官，没有任何借口"。这四句话，每一句都有它深刻的含义。在回答问题时，西点军校要求每个学员只能用这种要么肯定要么否定的方式回答。它实际上告诉学员：你要为你的回答负责，为你所做的一切负责。

"报告长官，是"，"报告长官，不是"体现的是西点军校最重要的行为准则：想尽办法完成任何一项任务。

优秀的机关干部一定是在复命时对结果负责的干部。他们关注于结果，并想尽一切办法去获得结果。他们对找借口不感兴趣。他们只在意是否做了正确的事情，而不愿意花费精力和资源来为不能达成积极的结果找理由。

（一）明确你该做什么

怎样才知道你该做什么？我们可从以下内容中找出来：

（1）本单位的大目标（包括长期、中期、短期目标）；

（2）本部门计划、任务；

（3）个人参与的事项；

（4）个人岗位职责；

（5）上级布置的任务；

（6）会议决策；

（7）协作的工作。

（二）理解复命的内涵

复命，首先是针对一个目标、计划、项目或者事件等，事先已经明确了的具体任务。泛泛而谈地说"工作取得了一定的进展"，那不是复命，而是对领导分配给自己某个任务的完成、回复。

复命，一定要出结果。完成情况和程度是必须能够用百分比来描述的，而不是对做事过程的描述。在这里，只看功劳，不问苦劳。

复命，一定是在既定的时间、限定的时间来复命，如果迟了，则毫无意义。一般来说，四小时内复命，是最佳时间。

复命，带着问题来的同时，一定要带着处理建议、解决方案。复命者应该且必须对他手头负责的进行了一段时间的工作最清楚、最有发言权，别人谁也不应该比他更清楚。如果他不提出解决方案，就是最大的失职，他在这个岗位上已经没有存在的必要了。

（三）把握复命的原则

复命，一定是按事情的轻重缓急分类做的。高效的复命者能够分清事情的轻重缓急，按事情的优先级，做到主次有序，抓住最重要的事情来先做，一抓到底，毫不放松，直至完成。这样，即使次要的事没有做完，甚至没有来得及去做，但完成了最重要的工作，也是富有成效的。

复命，一定是按流程去做的。按照单位制定的流程，全面分析，系统推进，由表及里，由浅入深，直至完成。低效的复命则临事忙乱，没有章法，挂一漏万，虎头蛇尾，最不可取。

复命，一定是追求高效能的。复命可以分为以下几种状态：

（1）办了，不了了之——必须淘汰的复命。这是一种未办成事的状态。

（2）办了，没有按时办完，延误了工作——无效的复命。这是一种事没办好的状态。

（3）办了，按时办完了——有效率，及格的复命。这是一种办完事的状态。

（4）办了，很快办完且效果不错——有效果，良好的复命。这是一种会办事的状态。

（5）办了，办得又快又好，又创造了更多效益——有效能，高效的复命。这是一种办成事的状态。

三、如何才能有效复命

向领导复命，不是简单的见面，而是要有所准备，即思路上的准备、内容上的准备及方法上的准备。以下几点应值得注意：

（1）见面前，必须让领导感到有与你有见面的价值。

（2）必须高度重视沟通上的技巧，若我们在复命言辞上有缺陷，过于冗长或艰涩，或容易产生误会，就很难引起领导对我们的兴趣，甚至会引起对我们的反感。

（3）选择汇报一个比较重要的成果，并提前做一些准备。

（4）为领导提供建设性、启发性的谈话，让他感到大有收获，并根据你的复命汇报及时调整战略构想。

（5）坦率直言的态度更能赢得领导的信任。

（6）了解领导最喜欢的沟通方式，如交谈、举证、引经据典等等。

具体来说，复命有以下四个步骤：

第一步，目标回顾。即当初我们办事的目的是什么？我们确定的工作目标是什么？

第二步，结果评估。与当初确定的工作目标一一对照，我们完成了哪些工作？哪些工作没有完成或达成预期的目标？其中工作亮点是什么？工作不足之处是什么？

第三步，原因分析。让我们工作取得成功的主观因素是什么？客观因素是什么？针对工作中存在的种种不足或者失败，主观因素有哪些？客观因素又是什么？

第四步，总结规律。从结果评估和原因分析中，我们值得总结的成功经验和规律是什么？失败教训有哪些？这些经验和教训，如何指导我们下一步的行动计划；在后续的工作，为了实现工作目标，我们需要继续坚持做哪些工作，需要放弃做哪些工作，需要重新开始做哪些工作？

在这里，目标一定要详细，而不能太笼统，否则是无法评估的。

在评估结果部分，要写出工作亮点和工作不足，而所谓的工作亮点与工作不足，均是将实际取得的工作成果与当初确定的工作目标进行对比而言。

一般我们把超越目标值完成的工作称为工作亮点，而把未能实现目标值的工作称为工作不足。而且在说明工作亮点和工作不足时要尽量使用数据和实实在在的工作成果来加以阐述说明，并可采用文字、数据图表、照片等丰富多彩的呈现方式。而不要使用一些模糊的、感性的语言描述，如"在上级领导的关心和支持下，取得了较好的工作成绩""在兄弟单位的协作配合下，在部门全体同仁的共同努力下，基本完成工作任务"等。

有时，我们在做工作总结时喜欢事无巨细地全盘罗列，否则就会担心领导和同事认为本部门的工作不饱和、对单位的贡献较少。总结不是工作回顾，如果做到面面俱到，就没有了重点。采用工作亮点与工作不足来评估工作结果，可以让我们真正关注那些对我们下一步工作有指导价值的重点内容。

在分析成功与不足的原因时，要尽量从主观因素和客观因素两个方面进行分析。因为不论是成功还是失败与不足，凡是主观因素都是我们自身可以控制或者改变的，坚持成功的主观因素、避免导致失败的主观因素、改进引起工作不足的主观因素，都可以帮助我们持续地取得成功。然而客观因素是不受我们自身控制的，一方面它为我们的工作获得成功提供了外在的机会，总结的意义在于告诉我们如何在今后的工作中去更好地利用或者努力去创造那些能够带给我们成功的客观原因，识别和利用好外部环境提供的机会；另一方面，当我们今后遇到类似的不利环境或者条件时，我们知道该如何应对，以避免客观因素对工作的不利影响。

在总结规律时，要善于透过现象看本质，把前期工作中一些规律性的、共性的经验提炼出来，避免就问题谈问题、就现象谈现象，其目的是要对后续的工作有指导价值。如果能通过总结，提炼出新的或者改进后的工作模式、工作流程、工作方法、工作标准，整个总结的价值将体现得更加明显。

此外，我们要实现高效复命，一定要有复查系统。明确复查人，复查人也是责任人。复查人对他复查的项目必须有连带责任，这样才能够提高责任心，否则，复查就会流于形式。

把复命内容写下来。美国宝洁公司提倡"书写的力量"，凡是涉及复命的内容一定要有书面的东西，尤其是复命要求的结果、时间点、责任人、复查人等一定要写清楚，可以对账，不能抵赖，不能推脱。这样，人人往前，不敢落后，就能实现高效复命。

检查后要及时催促，并且记录在案，更要让复命者知道检查结果已经记录在案。这样，如果催促无效，检查者要及时上报，绝不能听之任之，任凭计划、目标往后推延，要采取果断措施，加强执行力度。

四、高效复命的方法

复命，能让机关干部的能力发挥到最佳状态。那么，我们在机关事务中，如何高效复命呢？这里介绍几种方法，仅供参考。

（一）今日的事必须今日毕

清朝人文嘉有一首著名的《今日歌》，其内容是："今日复今日，今日何其少！今日又不为，此事何时了？人生百年几今日，今日不为真可惜！若言姑待明朝至，明朝又有明朝事。为君聊赋《今日诗》，努力请从今日始。"

这首诗歌告诉人们：一定要珍惜今天。今日事，今日毕，也是我们提高办事效率的重要途径与方法。

在机关，我们不妨给自己制定一个每日的工作时间进度表。每天都有目标，有结果，日清日新。请看海尔集团的"OEC"管理方法：

"OEC"是海尔总裁张瑞敏在学习外国企业管理经验的基础之上，结合我国的实际创造出的管理方法。

"OEC"是英文 Overall Every Control and Clear 的缩写。它是海尔管理模式精华的浓缩。

OEC中的"O"表示全方位,"E"表示每人、每天、每事,"C"表示控制和管理,即全方位地对每人每天每事进行控制和管理,也简称为"三全原则"。

OEC的核心内容可以概括为5句话:总账不漏项,事事有人管,人人都管事,管事凭效果,管人凭考核。用一句话概括OEC的核心内容,就是:日事日毕,日清日高。

所谓"日事日毕",就是对当天发生的各种异常现象,在当天弄清原因,分清责任,及时采取有效措施进行处理,以防止问题积累,确保工作任务的真正落实。

(二)学会把事情分类

有时,我们会发现事情多如牛毛,过去的事情和现在的事情都挤在了一起,一闭上眼睛,脑海就浮现出这件或那件事,数也数不过来。有人会丢掉一些事不做了,有人会让一些事草草了结,有人会加班加点,筋疲力尽地一件件做完这些事。怎么会这样?怎样才能把事情都做好,并且是秉着"要做就做最好"的原则?要解决这个问题,我们需要学会将要办的事情分类。把所有事情划分成"事务型"和"思考型"两类,分别对待:

"事务型"的工作不需要你动脑筋,可以按照所熟悉的流程一路做下去,并且不怕干扰和中断。

"思考型"的工作则必须集中精力,一气呵成。

对于"事务型"的工作,你可以按照计划在任何情况下顺序处理;而对于"思考型"的工作,你必须谨慎地安排时间,在精力集中而不被干扰的情况下去进行。

对于"思考型"的工作，最好的办法不是匆忙地去做，而是先在日常工作和生活中不停地去想。当你的思考累积到一定程度后，再安排时间集中去做，你会发现，不用费力，想法和创意就会自动地汩汩而来，你要做的无非是记录和整理它们。

这样进行分类，在零碎的时间里做事不会让你产生任何烦恼，并且能专心做好更重要的事情。

（三）制定标准是一个好方法

办事标准是办事的行为指南和考核依据。缺乏办事标准，往往导致努力方向与整个事件的发展方向不统一，造成大量的时间和精力的浪费。制定办事标准应尽量做到具体化，要与评判联系起来，注意可操作性。

（四）办事要有条理

只要工作有秩序，处理事务有条有理，决不浪费时间，不扰乱自己的神志，办事效率就极高。

"办事情条理化"已经被美国哈佛经典教材《管理之门》列为管理人必须做到的一项基本工作。

（五）化复杂为简单

如果事情很复杂，找出要做的事情的头绪。

以购物为例，出发前，尽量先别想这事会多麻烦。相反，要先找一个记事本，列出购物清单。接着，带上袋子和其他东西去购物。

路上，你要想着自己已经做好了购物准备，要尽量避免思考在商场里购物可能遇到的麻烦。

到了商场，慢慢地逛，直到把购物单上的物品全买完为止。

我们办事的时候，不要被诸如"太麻烦了，我无法应付"之类的观念所干扰。研究表明，心烦气躁的时候，我们丧失了制订计划、有条不紊做事的习惯，变得很容易感觉到麻烦。这个时候一定要冷静下来，让自己能够有步骤地制订计划。尽管有些麻烦，但请记住，你正在训练自己换一种方式思维。

其实很多事情的麻烦都是我们头脑中想象出来的，这些麻烦使一些人望而却步。思考缜密是正确的，可是这只限于你已经在心理上接受这些挑战作为前提。我们要学着把事情简单化，训练自己对风险的承受能力。

简单化是一种执着，是对抗困难的一种绝妙心理。它绝不是鲁莽，而是理智，外加一点点冒险精神。

（六）面对面有效沟通

俗话说"见面三分情"就是说见面就会有一定的情意，事情就会有转圜的余地。因此，有很多事情你可以舍弃电话或函件，改用面对面处理，不但可以充分沟通意见，也可提高事情的成功率，甚至改变整个局面！例如：面对面解释误会，比发个短信更有效；当面说一句"对不起"，比写道歉邮件更有诚意。

（七）核实好每一个重要信息

办事时，一定要核实清楚信息。否则，不准确的信息，会带来误判，耽误时间，还有可能误事。因此在处理一件事情的时候，一定要秉着认真负责的态度把事情的信息弄清楚。

（八）不要忽略一些重要记录

记录对管理好信息具有特殊的重要性。它可以帮助你更好地支配时间，防止重要任务没有完成，重要协议没有履行等事情的发生，你只把这些记在头脑中是不行的。

机关事务中，下列一些记录是相当重要的，应该随时把信息记录下来：

电话日志的信息。电话日志使你能查到是谁给你打的电话，为什么打以及你是否给他们回过电话。你还可以查询电话费用，包括长途电话费用。

活动记录的信息。活动记录所记录的最细微的信息包括日期、目的、当事人、旅行的公里数或所花钱数。如果你能使用带袖珍日历的笔记本记日记，因日期早已写好，你可以省点儿笔墨，只需将表填好就可以了。

会议记录的信息。记录会议内容需要更多空间，袖珍日记本提供的远远不够，因此手头要时常准备好纸，记下日期、目的以及出席人员。

还要罗列议事日程、会议所讨论内容，将何时何地举行会议、下次会议所讨论的话题、各位出席人员就当前会议达成什么样的行动协议或者为下次会议所做的准备等内容都记录下来。

工作日志记录。可以把每天所做的工作像流水账一样记录下来。比如，某领导何时何地交代了何事，要求是什么，当时谁在场等等，方便以后复查。

（九）四小时复命：有命必复

及时复命制也叫四小时复命制，是刘光起先生在《A管理模式》中提到的一项重要理念，即对任何命令，不管完成与否，受领人都要在规定的时间内向下令人复命。复命的时间一般不超过四小时，故称为"四小时复命制"。

四小时复命制简单快捷，操作性强，其核心是有命必复，只要这件事布置下去，就必须复命。怎么复呢？有个时间限制——四小时，也就是在规定的时间内复命。四小时复命制符合古语"今日事，今日毕"的原则，就是一件事不能无限制地拖延，不能没有结果。

四小时复命制是一种落实复命精神的有效管理方法。四小时复命制的应用，可以大大减轻领导的工作，还可以大大提高工作效率。

四小时复命，所强调的是领导布置工作内容，而接受工作的同志必须提出这项工作完成的具体时间和完成是否有困难。如果没有困难，到时必须完成，并在完成工作的四小时内向领导汇报；若完成工作的过程中遇到困难，四小时之内向领导汇报，得到领导的明确指示，这样该谁负责谁负责。采用四小时复命制会使工作收到事半功倍的效果。

除了"四小时复命制"，还有"八小时复命制""二十四小时复命制"等制度。机关单位可结合自身特点，自行规定。

（十）主动复命：凡事不必领导交代

主动复命，就是没有人要求你、强迫你，你却能自觉复命，而且出色地做好一切。

一个能做到主动复命的人，知道自己工作的意义和责任，并随时准备把握机会，展示超乎寻常的工作表现。

能主动复命的人，具备一种脚踏实地的务实态度，一种积极主动的工作状态，一种对自己肩负使命的忠诚。

在机关，很多时候，没有人会告诉你需要做什么事、如何去做，这要靠你自己主动思考。在主动工作的背后，需要你付出的是比别人多得多的智慧、热情、责任感、想象力和创造力。

常见具体事务的办理章法

事务处理，这里专指机关的事务处理，简称办事，是指机关人员按照一定的程序和规则对机关事务性的工作进行处置和办理。

办事是机关的一项经常性工作，是机关干部必备的一种基本素质，也是一门蕴含着深刻道理的学问和艺术。有的人认为，机关干部精通业务、能撰文拟稿，才是能力强、素质高的体现，而事务处理只是一些跑跑颠颠的具体工作，算不上有本事。其实不然。"世事洞明皆学问，人情练达即文章。"机关工作千头万绪，有很多事务性工作需要承办，有很多关系需要协调，有很多实际问题需要处理，有很多棘手矛盾需要解决，能否把各项具体事务办得很周到、很得体、很圆满，是对机关干部工作态度、思维水平、协调能力、社交技巧等综合素质的全面检验，同时也直接关系到上级指示要求和各级领导决策意图的贯彻落实，关系到机关工作的和谐高效运转，关系到各项任务的圆满完成。因此，机关干部不仅要精通业务和文字工作，而且也要下功夫提高事务处办能力，对一些事务性工作切实能拿得起、干得了、办得好。

机关事务办理项目繁多，日常事务中有管理印章文件、档案管理、编制工作安排、管理办公用品、调遣办公车辆、管理电子邮件等，此外还有领导活动安排与服务、接待工作组织与服务、礼仪事务安排与服务、公关活动安排与服务、信息信访工作、调研督查工作等。这些事务，大多有一定规定和约定，是"有形"的，本书不再赘述。这里介绍几种"无形"的办事章法，供读者朋友们参考。

第一类　领导事务的办理章法

一、请示报告的章法

（一）何谓请示报告

请示和报告是机关的一项重要日常工作。做好请示和报告，有利于上级及时了解和掌握部属的情况，有利于下级及时得到上级的命令、指示和对有关问题的答复，有利于下级准确理解和贯彻落实党的路线、方针、政策和上级的决议、命令、指示，也有利于机关干部顺利地开展工作。因此，做好请示和报告工作，是机关干部的一门必修课。

请示和报告，同是下级对上级而言的，但有不同的用途。

请示是下级针对工作中遇到的问题，需要上级给予答复和审批，而向上级提出的请求；报告是下级向上级所做的情况反映和汇报，只起沟通信息的作用。

请示必须在事前或在工作过程中进行，待上级批准后执行，不能在事后进行。报告可以在事前陈述工作的打算，可以在事后陈述工作的结果，而且多数是在某项工作完成和结束后进行。这就是人们通常说的"事先要请示、事后要报告"。

请示只能有一个主管领导或者一个机关部门。待主管领导和机关部门指示有必要向其他领导或部门请示后，才能再向有关领导和部门请示，在同一时间内，不能多头请示。在没有得到批复前，不能下发。报告可同时向几个领导和上级机关呈报，也可以同时下发所属各单位。

（二）请示报告的要求

（1）及时办理。请示和报告具有较强的时效性。因此，凡是需要请示和报告本单位一些重要的工作，都要尽快办理，不能拖拖拉拉，更不能不请示，不报告，搁置不管。

（2）表述准确。大部分请示和报告都具有较强的政策性，请示和报告一定要把问题表述准确、明白，不能似是而非，模棱两可，更不能出差错。请示工作，是一件很慎重的事情，一般遇到下列情况下才实施：

①主管单位明确规定必须请示批准才能办理的事项；

②本级或个人无权决定，需要上级批准确定才能办理的事项；

③对现行方针、政策、法令、规章制度不大了解或不大理解，有待上级明确才能办理的事项；

④工作中发生了新情况，而又无章可循、无据可依，或难以执行现行规定，有待上级重新指示才能办理的事项；

⑤在工作中遇到意见分歧，无法统一，难以开展工作，有待上级裁决的事项；

⑥重大工作任务，为防止失误，须经上级审核的事项。

总的来看，向上级请示工作，一般都是本级或个人无权决定或不好定夺的事情，需要请示上级给以答复或批示。因此，在向上级请示工作时，首先要掌握尺度、把握时机，哪些事需要请示，哪些事不需要请示，一定要搞明白。需要请示的事项不请示，就会使上级对下级失去控制能力，下面有了差错得不到及时纠正，也会使下级犯失职、越权的错误；不该请示的事项去请示，就会多此一举，既给上级增加了工作负担，也使下级养成缺乏独立思考、独立负责精神的依赖心理。

（3）核实清楚。向上级请示工作时，一定要把请示的事项搞清楚、核实准，有些事项还要把事情的原委是什么、难点在哪里、优劣怎样等有关情况作一介绍，确保请示内容明明白白、客观全面、准确无误，否则会影响上级作出指示的正确性。在这方面，要注意防止三种倾向：

①防止情况不清、模棱两可。有的机关干部办事毛糙急躁，在没有把有关问题弄清楚之前，就匆匆忙忙向领导请示，结果是讲不明白、听不明白，领导无法作出答复批示。

②防止以偏概全、错误引导。有的机关干部为了使领导按照自己的意图答复请示事项，在请示工作时往往专拣好听的讲，不利因素很少提或只字不提，有的甚至故意扭曲事实，引导领导顺着机关人员设定的路子走，按机关人员的意志办。

③防止小题大做、故弄玄虚。有的机关干部怕自己请示的问题引不起领导的重视，故意夸大其词，将"芝麻"说成"西瓜"，把小问题说成大问题，把一般问题说成原则问题，把个别问题说成普遍问题。这种任意扩大了的信息，往往容易使领导产生错觉，做出错误的判断和决策。

（4）梳理清楚。请示工作，最忌的是自己心中没谱，没有搞清楚、想成熟、理顺溜的事情，匆匆忙忙就向上级请示，结果啰啰唆唆讲了一大堆，别人听不明白，最后把事情搞糟。因此，向上级请示工作前，首先要把请示的事项思考明白、梳理清楚、调理顺当，提前打个腹稿，口头表达能力差的同志有必要在笔记本上拉个提纲，对先说什么、后说什么、说到什么程度做到心中有数，在请示时尽量把有关事项的背景、原因、建议、理由是什么等分层次陈述清楚，这样领导才能够听得明白。

（5）及时催办。主要是指请示后，要及时询问请示的办理情况，防止延误和遗忘。

（6）反馈结果。对向上级请示的问题得到答复以后，要及时向直接领导和交办此事的有关领导汇报，做好反馈工作，让领导心中有数。

（7）认真落实。对已经得到明确答复的问题，要认真地抓好落实。落实的情况，也要及时向领导报告，做到有头有尾。

（三）请示报告的章法

1.书面请示和报告

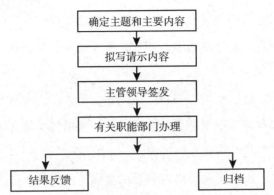

（1）定题。请示和报告的主题和主要内容要经主管领导审阅确定。以哪一级的名义请示和报告，就要由哪一级的领导同意以后再行起草。

（2）拟写。拟写请示和报告，要按照领导的意思表述清楚。请示的问题与报告的问题应当区分开来，同一份公文中，不能既有请示，又有报告。

（3）签发。起草完毕后，要由主管领导签发。以哪一级的名义请示和报告，就由哪一级的主管领导签发。

（4）留存。书面请示和报告要一式两份或多份，并保留存放一份，以备查考。

（5）邮寄。寄发时要有登记，可采用挂号或由保密室寄发的办法办理，不能用平信。请人代办或快递发送也要履行好登记手续，防止延误或丢失。在互联网兴起的时代，应充分发挥其安全、快捷的作用，建立电子邮箱、QQ帐号、微信群等联系方式，发送文件，提高效率。

2.口头请示和报告

口头请示和报告适用于能经常遇见领导和不是特别重要的事情。实施中要把握好以下五个环节（图示如下）。

（1）打腹稿。见到领导前，对口头请示和报告的问题，要事先打好腹稿，做到重点突出，条理清楚，言简意赅。

（2）先声明。见到领导后，应首先讲清自己要说的内容的性质：属于请示，还是属于报告。如果是请示，领导一般要给予答复。预先声明，以引起领导对问题的重视。

（3）分先后。请示和报告问题表述的先后不一样。请示问题时，应先说事由，然后再说意见和建议。报告情况时，应先报告事情的结果，然后再详细地报告事情发生的经过和处理过程。

（4）拿意见。机关干部要当好领导的参谋，特别是在请示问题时，要讲明自己的看法和意见，供领导决策做参考。当自己的意见被否决后，要坚决按领导的指示办，不能自以为是、自行其是。

（5）做记录。对向领导请示和报告的事情，领导指示及落实指示的情况都要进行详细的记录。

无论采取哪种汇报形式，也就是说在用语言表述时，要注意做到"三个有"：

一是有中心。这里首先要考虑六个问题：第一，要向领导说的是个什么问题？第二，缘由、过程、结果怎么样？第三，"中心意思"是什么？第四，能不能用最简明的语言表达清楚？第五，领导可能要问什么问题？第六，应该怎么回答？这六个问题清楚了，就有中心了。要做到请示汇报时讲话"有中心"，最简便的办法是"一事一请示""一事一汇报"，这也是请示汇报工作的一个基本要求。

二是有见解。如果说"有中心"是要说明"是什么"的话，那么有见解就是要说明"为什么"。换句话说，就是在请示或汇报时，要讲清涉及事项的必要性、重要性乃至迫切性。要想想：我讲这件事情的起因是什么？过程和结果有什么值得注意的问题？我为什么这么看？依据是什么？当然了，如果只是一般的汇报情况——只是作为信息让领导了解，在"为什么"上就不一定多说了。如果请示的问题比较重要比较紧急，在讲清是什么事项后，则一定要说出它的重要性、急迫性，以引起领导的重视，尽快地做出决断和指示。

三是有建言。就是解决"怎么办"的问题。一般来说，请示的目的就是希望领导答复。汇报的事项有时也需要答复，答复的前提是有可供答复的"意见"或"建议"。因此，这就需要提出建设性的初步意见。一般事项，正常事项，不太棘手的事项，提出一种意见就可以了。特殊事项，重要事项，棘手事项，则起码要提出三种意见，也就是上中下三策，供领导选择。这是下级应尽的职责。

在向上级请示汇报工作这件事上，作为下级，要考虑到一个问题，就是：领导虽然具有驾驭宏观的决策水平，但他不是万能的，他不可能也没有必要对各个行业的事情都懂。因此，在请示或汇报自己从事的专业问题，要尽量做到"三个有"，为领导提供可靠的信息和依据，以方便领导决策，提高工作效率。

（四）请示报告要注意的问题

（1）防止情况不清，模棱两可。请示前，要认真准备，对问题进行认真的分析，把不明白的问题理清楚，把需要上级答复的问题说明白，一个内容要力争一次性处理。报告前，要对所需报告的工作进行深入调查，细致了解，认真研究，真正反映事物的本来面貌，不能"情况不明决心大"，瞎请示和报告。

（2）防止越级请示，越级报告。对需要请示和报告的问题，要逐级请示和报告，不能越级请示，越级报告。否则，就会造成直接领导的工作被动。

（3）防止多头请示，多变请示。多头和多变请示，是有的人为了达到自己的目的，一件事请示一个领导不同意后，又去请示另一个领导，也不把前面领导的意见告诉后面的领导，使领导之间产生矛盾和隔阂。有的人请示问题时陈述理由前后不一，当一个问题请示领导没有批准后，又另找理由再行请示，弄得领导无法给出意见。因此，作为机关干部一定要加强自身修养，革除私心杂念，做维护领导之间的团结和维护领导形象的有心人。

（4）防止"先斩后奏"的请示和超前应付的报告。对工作中把握不准的问题，一定要先请示，再去办理，不能随心所欲，"先斩后奏"。对某项工作的落实和某项任务的完成情况，一定要先有结果，然后报告，不能凭想当然和估计报告。更要防止不请示不报告，或不分轻重乱请示和报告。

（5）请示的语言要中肯。向上级请示工作，不是向上级部署工作，不能让上级感到有发号施令之嫌。因此，在请示工作时，一定要摆正位置，端正态度，既要很明确、很直接地表达自己的观点，又要注意讲话态度和方式，切不可生硬，无论上级给予怎样的答复，即使与自己的意见相左，也要耐心听完上级指示，并坚决贯彻落实。

（6）请示的程序要规范。

①要坚持先请示后办事。对工作中需要请示的事项，一定要先请示，再去办理，切不可随心所欲，事前不请示、不报告，擅作主张，搞"先斩后奏"。

②要坚持一事一请示。这样既利于请示者把请示事项的各种情况和理由表达清楚，也便于领导集中精力考虑一个问题，及时做出批示或答复。如果在一次请示中提出多个问题，容易纠缠在一起，既说不清楚，也听不明白，不便于领导考虑答复。

③要坚持"单线"请示。请示工作时，应避免多头请示，向一名领导或一个部门请示，不管得到什么样的批示，都应坚决按批示办理。多头请示，不仅容易造成多种答复意见，使承办人无法执行，还可能引起领导之间、机关部门之间的矛盾和误会。如果请示的事项比较重要，或确需向其他领导和部门请示，或需要其他领导和部门了解，要根据第一请示的领导和部门的指示去处办，在请示其他领导和其他部门时，一定要把已请示领导和部门的意见如实转达清楚。

④要坚持逐级请示，尽量向直接领导或直接上级机关请示问题，即使直

接领导或直接上级机关无权答复或批示，需由高一级领导和机关批示时，也要逐级请示，防止越级跳级。

二、汇报工作的章法

机关干部一项非常重要的任务是及时向领导提供情况，便于领导决策。从一定意义上讲，机关干部是领导的情况收集员，是连接基层与领导之间的桥梁和纽带。

汇报工作，简言之就是把本单位的工作情况向上级领导和机关及时、准确、详细、全面地进行反映。汇报是机关的一项经常性工作，也是机关干部必备的能力和素质，是做好工作的基本功。

（一）工作汇报的分类

机关的工作汇报，从体裁上大致可分为以下四种类型。

一是综合性汇报。多见于半年或年终工作总结前后。主要应讲清全年或阶段内的工作思路，做的主要工作，取得的主要成绩和进步，存在的主要问题以及今后的打算等。

二是专题性汇报。多见于办完一件事情或干完一项工作以后，就这一件事、一项工作所做的汇报。专题性汇报，要求主题明确，内容单一，不涉及其他无关的内容。

三是随机性汇报。是指在上级领导和机关领导下基层期间。机关干部在陪同上级领导实地检查工作时或散步、聊天过程中随机所做的汇报。随机性汇报与专门安排的汇报相比，没有预定的内容，没有限定的时间，没有固定的地点。通常情况下，应汇报领导最为关注的问题和本单位急需领导和上级机关掌握了解的情况。

四是提示性汇报。多见于在上级机关召开的座谈会或领导实地视察工作期间，领导想到了某一问题或看到了某一情况，需要进一步了解时，要求就某事或某项工作所做的汇报。提示性汇报，要严格按照领导所提出的问题，准确详细地说明情况。

机关的工作汇报，从内容上也可分为以下四种类型。

一是情况汇报。主要包括工作的进展情况，主要特点，收获，存在问题等。基本要求是，工作的过程要反映清楚，主要内容都要讲到，特点要鲜明。

二是经验汇报。以做法或体会为主，不过多地涉及工作情况和工作过程。

三是问题汇报。即专门就某一问题所做的汇报。应着重讲清问题的表现及发展的程度，发生问题的主客观原因，应接受的教训，以及解决问题的措施等。

四是计划打算汇报。是指某项任务下达以后或某项工作展开之前，就完成任务或开展工作的具体安排，向上级机关所做的汇报。

（二）工作汇报中常见的问题

机关在工作汇报中常见的问题，主要表现在以下六个方面。

一是没有主线。即汇报的主题不突出，事无巨细、面面俱到。本来是了解一个方面的工作，却汇报了诸多方面的情况；汇报的内容都是工作过程与事例的堆积，缺乏主线穿引。

二是偏离主题。汇报人没有把握住要汇报的主题，过多过细地讲了与主题无关或关系不大的内容。

三是层次混乱。缺乏梳理和归纳，想到哪里就讲到哪里，往往这个内容没讲完，又讲到了那个问题上，使听汇报的人不知所云，甚至滔滔不绝地讲了半天，自己也不清楚讲了哪几个方面的问题。

四是内容不实。不是紧紧把握住本单位的特色汇报，而是大话、套话、官话、空话连篇。

五是缺乏提炼。缺乏分析、提炼和升华，就事论事，说了就了，谈完就完，不善于从工作中总结和提炼出带规律性的东西和给人以启迪的经验。

六是掺杂水分。不是实事求是地反映情况、客观公正地评价工作，而是有意拔高、掺水分、说假话，甚至把点上的成绩说成是面上的工作，把个别人的成绩说成是单位的普遍水平，把工作设想说成是已做过的工作等。

（三）汇报工作的要求

我们常讲抓工作要抓重点、抓主要矛盾，工作汇报也是如此。抓住了重点，也就抓住了领导关注的问题。汇报的重点应根据领导的要求、汇报的目的和所掌握的实际情况来确定，一般来讲下列几种情况应当作为重点来把握：

（1）把领导关注的问题作为汇报的重点。领导听取有关情况汇报，一般都有较强的目的性，或是深化对某个问题的认识，或是掌握某个方面建设的状况，或是寻求解决某些问题的对策等，这些都要在汇报中突出出来。比如，领导想了解基层存在的主要问题，就要重点对问题进行分析，提出解决的办法；领导想了解某些工作进展情况，就要重点汇报这项工作进展到什么程度，还存在什么问题，以及下一步的打算等。

（2）把能够反映特色的情况作为汇报的重点。有些工作是不言而喻的，你也做，他也做，大家都是这么过来的。如果讲来讲去都一个样，就显得空洞乏味。有的苦于找不出特色，其实，即使是一样的动员、教育和总结，各单位的具体做法也是不一样的。这种不同之点、特殊之处，实际上就是特色。只要抓住这个问题，就会使汇报言之有物。

（3）把基层倾向性问题作为汇报的重点。基层存在的倾向性问题，是制约建设和发展的主要矛盾，是领导始终关注的一个大问题，也是党委领导工作始终要解决的一个大课题。工作组下基层无论担负什么任务，都要下功夫调查研究基层存在的倾向性问题，力求有一个准确的把握，并作为汇报的重点反映出来，为党委、领导决策提供参考。

（4）把解决问题的对策和办法作为汇报的重点。工作汇报既要善于提出问题更要注意研究和解决问题，拿出切实可行的意见和建议，把下篇文章做好。有些同志的汇报，反映了不少问题，但对如何解决研究不够，提出的建议没有见地，价值不大，给人的感觉比较浅、不够味。提出解决问题的对策和办法，总的要有"四性"：①针对性。就是针对领导最关心和基层迫切需要解决的现实问题，以及当前基层出现的新情况新问题，提出解决的对策和办法。要注意通过下面的情况提出对策，通过基层的反映和呼声提出建议。②全面性。就是提出解决问题的对策和办法，既要想到积极作用，也要估计到可能产生的消极影响，要注意加强分析，防止一种倾向掩盖另一种倾向。③创新性。在汇报的内容上要敢于创新，敢于反映新情况，敢于提出新思想、新观点、新办法，不能用老眼光来看新问题，用老经验来衡量新事物；在汇报的语言上要敢于创新，尽量用自己的语言、用有特色的语言。基层给我们的汇报，往往给许多领导汇报过了，如果我们再搬过来给领导汇报，效果一般不会很好。④准确性。提出对策和办法，目的是为了让领导采纳、解决问题、推动工作，因此，提出的建议必须准确可行。

（四）怎样做好汇报

汇报工作没有固定模式，但有些基本要求必须掌握。根据一些同志的经验体会，要搞好工作汇报，必须做到以下十点（图示如下）。

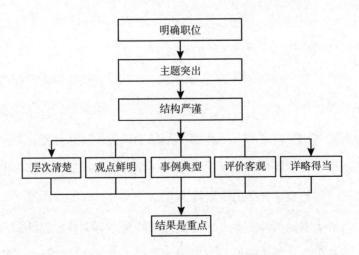

（1）身份要明确。首先要明确是谁的汇报。也就是说，汇报人是代表党委，还是代表行政单位作汇报。其次是向谁汇报。即听汇报的人是哪一级领导。通常情况下，向直接上级汇报，应尽量具体；向高级领导机关汇报，应相对概括。

（2）主题要突出。汇报的内容都要紧紧围绕主题而展开，与主题无关的内容不宜涉及。

（3）情况要准确。要通过深入细致的调查研究，全面准确地掌握情况。特别是涉及数字、比例、评价之类的内容，要恰如其分、准确无误。

（4）结构要严谨。要把准备汇报的内容进行认真组合排列，或围绕横向到边，或沿着纵向到底。

（5）层次要清楚。准备讲几个问题、先讲哪个问题、后讲哪个问题，要心中有数，切忌交叉混乱、重复颠倒。为便于上级记忆，每个问题最好都提炼出一个比较鲜明的观点，或者先讲一个中心句。

（6）事例要典型。要紧紧围绕主题或要表达的意图选择事例。所用事例要有典型性，使人听了能够引起关注或留下深刻印象。

（7）详略要得当。一般说来，对有本单位特色的内容要尽量具体讲。共性的东西可以从简讲；对上级特别关注的内容要尽量具体讲，一般性的工作可以从简讲；对别人没有讲到的内容要尽量具体讲，别人已经讲过的内容可以从简讲；对上级不了解的情况要尽量具体讲，上级基本掌握了的情况可以从简讲。

（8）评价要客观。既要讲成绩，也要讲问题；既要讲经验，也要谈教训。做到讲成绩不拔高、不扩大，讲问题不回避、不掩饰，不讲过头话，不用过激言词。

（9）语言要简练。口齿要清楚伶俐，除标题观点外，不要重复，不要啰唆，不要带口头语，多用一些群众的语言和生动的词汇来表达。

（10）时间要适中。当听汇报人有具体要求时，要严格按照规定的时间汇报；没有具体要求时，也要根据领导在本单位总的活动时间和活动的内容来把握好汇报的时间；当多人共同向上级汇报时，作为主汇报人要留出一定时间，让其他同志予以补充；还要注意留出一定的时间，请上级领导做指示。

（五）汇报应注意的问题

（1）掌握情况准。掌握情况是搞好汇报的前提和基础。因此，必须重视对情况的控制和掌握。要根据汇报的内容决定调查了解情况的形式。对于涉及单位全面建设或重要工作方面的汇报，要经集体研究讨论；对于单项性的汇报，要与分管的同志交换意见，对一些把握不准或掌握不清的内容，可以采取个别交谈、开座谈会等多种形式，广泛征求大家的意见，把基本情况准确全面地掌握。要做一个有心人，注意观察生活，体验生活。常言道：处处留心皆学问。做生活的有心人，掌握一手真实的信息，这样不至于在领导需要时，因情况掌握不准而误事。

（2）反映情况要真。在向领导和上级汇报情况时，一定要注意将最真实的东西讲明讲细，不要把人为的感情因素掺杂其中，任意夸大或淡化。机关干部要多站在领导和上级机关的位置上去考虑问题，切不可凭自己的好恶来汇报，不能在汇报时带着个人的偏见，要本着对单位与领导负责的态度去反映情况，事实没有搞清楚前不能把道听途说的东西作为汇报的依据。

（3）准备工作要实。平时掌握的情况一时不一定都用得上，注意将平时收集的东西进行归纳和条理化，一旦用着的时候，能随时提供清楚的全面的材料。如果平时不注重做这方面的工作，到需要的时候临时整理，时间有时不允许，质量上也难以保证，这样在汇报的过程中，难免会出现被动的局面。另外，要注意把收集到的情况分门别类，区分层次和属性，条理要十分清楚，重点要非常突出，观点要相对明朗，以便于领导在听的过程中有一个参考的依据。否则汇报时东一榔头西一棒槌，分不清层次，讲不明观点，突不出重点，只能让领导如堕云雾中。另外，汇报时还要搞清楚领导的职责范围，尤其要注意把自己所干的工作情况弄清楚弄明白，在汇报过程中，如果被问到其他问题时，要如实讲出自己掌握的情况，一般情况下，不要在汇报内容以外谈论过多的其他话题，保证汇报的内容不偏离中心，让领导和上级机关真正能从汇报中得到充足的真实的信息。只有这样，汇报才算是成功的。反复思考，把汇报提纲准备细。能否汇报好，取决于准备得充分不充分。在时间、条件允许的情况下，对一些重要工作和综合情况的汇报，最好能写出汇报稿。如果时间不够充足，也要列出详细汇报提纲，把汇报中的主要观点和内容、典型事例、有关数据等一一列出来。如果因时间紧、来不及准备汇报提纲时，也要静下心来，认真打好腹稿，切忌信口开河，想到什么说什么。

（4）符合上级意图。注意从听汇报的人的言行表情中捕捉信息，努力把汇报的重点把握准。要汇报好，首先要符合上级了解情况的总意图。做到这一点，既要靠汇报前的认真准备，也要靠汇报过程中的见机调整。通常情况下，听汇报的人对上级机关比较关注的问题，听起来认真，记得仔细，问得具体。遇到这种情况，作为汇报人，就要在原来准备的基础上加以发挥，把问题尽量讲得详细具体。属于上级机关已经掌握了的内容或与本次汇报关系不大的内容，一般引不起听汇报人的兴趣。其表现是，听起来精力不那么集中，问的话少、记录也少。这种情况下，作为汇报人就要尽量从简说起，必要时可以不讲这方面的内容。

（5）多种形式配合，力求把汇报的效果保证好。为了增强汇报的效果，必要时可以采取一些配合形式。常用的有以下几种：一是图表讲解。如汇报单位完成任务等情况时，在口头汇报的基础上，再看一看图表和有关数字统计，听汇报的人会记得更清楚。二是检验实物。如汇报教育情况时，可以让听汇报的人检查一下教案、课堂笔记、心得体会等。三是实地观察，更容易加深印象。

（6）处理好多角关系。一是领导和分管领导的关系。在汇报工作时，应该给谁汇报，先给谁汇报，后给谁汇报，应该正确处理好。处理这种关系时，首先要从组织原则出发，凡按职责权限还需要主要领导同意的，应当报告主要领导；凡是明确由分管领导全权处置的，一般不需再报告主要领导。其次从实际出发，有的事项虽有明确分工，但在特定时期内这项工作已成为全局或局部中心任务，或主要领导对此工作过问较多，则应将此事项及分管领导的意见汇报给主要领导。二是在单位领导与外出领导的关系。汇报工作时，应考虑到外出领导，这样会有利于信息沟通，有利于领导班子的团结，有利于得到上级的帮助指导。因此，在单位的机关干部要及时给在单位的领导提醒，使在外的领导随时了解情况。随领导在外的机关干部，也要与单位经常保持联络，相互交流信息。三是报事与办事的关系。在工作中是"先报后办"，还是"先办后报"，也是汇报工作中应该注意的一对关系。总体上讲应该坚持"先报后办"的原则，但在实际工作中还应灵活掌握，应当提倡机关干部发挥主观能动性，主动办事，不能养成问一事、办一事的消极习惯。

三、上报情况的章法

（一）何谓上报情况

上报情况，是指向上级报告或反映本单位、本部门的工作和建设全面或者某一方面的情况，有的是上级明确要上报的，有的是本单位主动反映的。搞好情况上报，对于反映本单位、本部门的工作态势，加强上下级之间的沟通，争取上级的支持和指导，具有重要的意义。

（二）上报情况的要求

（1）要真实客观。要原原本本反映实际情况，实事求是，不能"米不够水来凑"。

（2）要突出中心。要明白"为什么上报，报告什么"，在充分占有材料以后，根据主题需要和观点与材料相统一的原则，精心构思，编排布局，形成材料。

（3）要及时快捷。有情况要及时上报，不能拖沓，以便让上级及时掌握各方面情况的变化。

（三）上报情况的步骤

上报情况步骤

（1）广泛收集情况。上报情况，首先要有情况。情况从哪里来，机关工作人员要"主动出击"，充分发挥主观能动性，广泛地进行收集，而不能"守株待兔"。一般来讲，收集情况主要可通过以下方式和途径：

①利用机关信息网络上报的各种信息材料；

②办公室每天接到的电话、电报、文件、简报、资料、报表等；

③有关人员的口头汇报所提供的情况；

④参加各种会议获得的情况；

⑤新闻单位和信访部门传报的情况；

⑥明确通知下属单位上报的有关情况；

⑦亲自深入下去，到基层、到一线直接调查研究所得到的情况。

收集情况，看似简单，但要收集到真实有用的情况并不容易，从实践看，要注意把握这样几点：一个是不能漫无边际、不分重点，要根据上级要求，有针对性地、有选择地获取信息。要围绕领导决策，抓"超前型"信息；要在领导决策之中，抓"跟踪型"信息；要善于小中见大、见微知著，抓倾向性、苗头性信息；要根据事物发展变化的新形势，抓新信息（包括新情况、新问题、新经验等）；要反应敏锐，闻风而动，抓突发性信息。另一个是要把功夫下在平时，平时做有心人，多留心，多收集，点滴积累，长期积累，使资料收集既有历史厚度，又不至于需要时"抱佛脚"。再一个是要尽量亲自去搞调查研究，掌握第一手资料，确保收集到的情况真实鲜活。

（2）精心筛选情况。对收集来的情况要认真地筛选，这是综合情况的基础。筛选情况应注意三点：

①要核实信息的真实性。对那些重要事实、数据，以及涉及具体人和事的例证，要反复核实，舍去那些任意夸大和缩小的部分。

②要掂量信息的作用。有的信息虽准，但不一定有用，这就要求，必须弄清信息的有用成分以及哪些适合上报情况的需要，确定出必用部分、参考部分和舍去部分。对一些比较新颖的做法，或有争议的问题，更要慎重，精心鉴别。

③要认真选择信息。对经过鉴别的材料，还要紧密结合上报情况的需要，进行严格的选择，结合中心工作，抓大事，抓重点，选取对现实有指导意义，与不同层次的全局工作有密切关系的重要信息，选取政策性强、有典型意义、上级关心的信息。

（3）综合处理情况。情况经过收集筛选后，还要作进一步的处理，不能收集到什么就上报什么。要对全部信息和掌握的情况进行科学、辩证的理性思考。

①要把宏观分析与微观分析结合起来。既要考虑大范围的宏观情况，又要考虑小范围的微观情况；既要看整个工作过程的宏观情况，又要看某一阶段工作的微观情况，也就是既要进入微观去考察，又要站在全局的高度综合分析。

②要把横向分析与纵向分析结合起来。所谓横向分析，就是把情况放到更大范围内，与相同或相似的参照物进行比较，衡量其进步和发展，达到的

层次和目前的状况；所谓纵向分析，就是看基础，看发展、看全过程，看进步幅度，看努力程度。

③要把静态分析与动态分析结合起来。一个时期、一个单位、一项工作，具有相对的稳定性，但随着形势的发展变化，情况也在发展变化，所以，对事物内在本质的把握，既要着眼其相对稳定的一面，同时更要善于从联系、发展、趋势上去研究分析。

④要把定量分析与定性分析结合起来。既要注重从质的规定性上去把握，又要注重用适当的量来衡量，这样才能既从本质上把握事物，又能深入进去对事物达到比较精细的认识。总之，通过综合研究、归纳、概括、综合、分析，去粗取精，去伪存真，由表及里，由现象达到本质，把零散的信息综合集中起来，把不够顺当的内容调理顺当，把规律性的东西找出来，把鲜活的有特色的工作反映出来，切实使收集到的情况更加系统条理、重点突出，有事实，有数据，有分析，有建议。

（4）严格审核情况。情况汇总后，不能直接上报，要将情况呈送或报告本单位领导审核，如领导同意后再上报。观点是否准确，情况是否属实，表达是否过头，都要经过领导把关，领导站得更高一些，看得更远一些，把关后就不容易出差错、出漏洞。

（四）上报情况应注意的事项

上报情况时，要注意把握以下几点：

（1）要真实准确。真实准确，就是如实地反映客观实际情况，这是上报情况的关键。如果上报情况不准确、不真实，就容易误导上级领导机关，使其决策失误，贻误工作。因此，对上报的情况，一定要认真核实，一句话、一个数字、一个提法、一个人名，都要准确无误、有根有据。

（2）要突出重点。上报情况要相对全面，但又要注意根据有关要求和实际情况，区别对待，突出重点，有选择地提供信息，或是上级需要什么就上报什么，或是突出本单位的特点和特色，切忌不分主次，不问要求，写流水账。

（3）要通观全局。就是上报情况要有一定的广度和深度，对问题要站得高、看得远、分析透，提出的建议符合全局利益，具有普遍指导意义。

（4）要及时迅速。上报情况是为上级领导和机关开展工作服务的，都有一定的时效性，要求机关力争在第一时间内把情况报上去，不能放"马后炮"，防止情况价值衰减或消失。

四、传达上级指示的章法

机关工作中，上级经常要做出一些重要指示，需要传达下去，贯彻到实际工作中。如何把上级的指示传达好，对于指导好工作具有重要意义。

（一）传达指示的类别与形式

从实践来看，传达上级的指示，根据指示来源和传达对象的不同，一般分为三种：

（1）向本级领导传达上级指示；

（2）向同级有关部门传达指示；

（3）向下级传达指示。

传达指示时，常见的主要是采取三种形式：

（1）文件传达。就是上级的指示是以文件的形式出现的，传达指示主要采取印发文件材料的形式，如指示、通知、通报、会议纪要等。

（2）会议传达。有的指示传达部署时比较复杂，执行起来难度较大，一般采取召开会议的形式进行传达，在传达指示的同时，对贯彻落实作出部署。

（3）个别传达。上级指示的传达要求范围不大，或任务紧急，一般采取个别传达的方式。

（二）传达指示的要求

（1）要全面准确。上级的指示，不是个人的言论，它代表着上级领导和机关对工作的要求，是一种组织行为，具有很大的权威性。因此，在传达过程中，一定要原汁原味，不能凭个人的理解自由发挥，随意添减内容，更不能曲解，避免经传达后使上级的指示"走样""变味"。如果上级的指示是成文的，则应原原本本地传达，一般情况不要多加解释，以免把上级的指示搞偏；如确需解释的，则应紧扣上级指示的本意，把握精要。如果上级的指示是听后记录下来的，则要抓住重点，总体上把精神实质准确表达出来。如果上级的指示不便于原始传达，可适当转换角度，对内容加以选择，有重点地进行传达。

（2）要快速及时。刘伯承元帅曾对机关人员快速办事提出五条具体要求，其中之一就是"传达命令要快"。上级的指示要求，一般都有时效要求，需要尽快传达贯彻，以更好地促进工作。因此，机关干部从接受有关指示后，不论是否有明确的时限要求，都要尽可能地在第一时间传达给应该传达的对象。尤其是作为军队的机关，无论平时还是战时，开展的都是军事工作，执行的都是军事任务，在传达上级的命令指示上，更要做到雷厉风行，不能有半点儿拖拉延误。

（3）要讲求方式。上级领导和机关的指示具有很大的权威性，传达上级指示也是一项重要公务。因此传达时不论面对的是领导，还是同级、下级，都要庄重严肃、直言直语、简洁明快，不能吞吞吐吐、含含糊糊、隐晦曲言。但是传达指示也有一个让传达对象乐于接受的问题，必须讲求方式方法，特别是传达指示不是做指示，一定要摆正位置，不能以上级领导和机关的代言人自居，要注意根据传达对象身份的不同选择不同的传达方式。如果是对下级传达领导的指示，可以采取开会等比较严肃的形式进行，但是也要注意不能用居高临下发号施令的口吻；如果是向自己的领导传达上级的指示，则应采取汇报的口气进行，语气上注意舒缓，转述话语中多讲"请"少讲"要"，以免造成向领导下达指示的嫌疑；如果是向同级传达指示，以叙述的方式为好。

（三）传达上级指示的章法

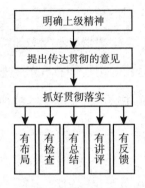

传达上级指示的章法

（1）明确上级精神。要把上级精神吃透，总体讲什么，重点是什么，当前做什么，应注意什么问题，都要反复学习，认真把握。要听清楚，保证准确无误。要说清楚，保证明明白白。

（2）提出传达贯彻的意见。传达上级领导和机关的指示，不是简单地当一次"传声筒"，最终目的是把上级的指示要求贯彻落实到工作中去。因此，在传达指示过程中，既要重视原原本本领会，又要结合本单位、本部门的工作实际，有针对性地提出贯彻落实的具体意见，对领导和同级来讲，可以作为建议供其参考，对下级来讲，可以作为要求供其贯彻落实。

（3）抓好贯彻落实。上级的指示传达后，只是做了"上篇文章"，机关干部还应根据职责要求，做好"下篇文章"，下大力抓好贯彻落实，搞好检查督导，及时发现解决问题，做到有布置、有检查、有总结、有讲评、有反馈，确保上级指示落到实处。

五、听取情况汇报的章法

到下属单位调查研究、检查工作时，往往都要听该单位的领导或业务部门的领导进行情况汇报，这是了解基层情况、掌握工作信息资料的重要途径之一。

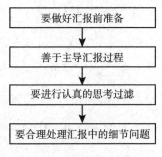

听取情况汇报的章法

（一）要做好汇报前准备

听汇报前，要认真准备两点：一个是，明确自己为什么要听汇报，根据自己的目的列出调查纲目，用以规范汇报内容，以防漫无边际，讲什么听什么；另一个是，提前向汇报单位打招呼，把自己希望听到的汇报内容通知下去，以便汇报单位事先做好准备。

（二）善于主导汇报过程

在听汇报的过程中，要注意适时围绕自己的目标进行提问和引导。有时由于汇报者准备不充分，或了解情况不全面，语言表达能力差，不能很清楚地叙述事情的经过、阐明经验和问题，抓不住重点，有的则好大喜功，讲成绩滔滔不绝，讲问题轻描淡写，等等。如果机关人员在听汇报时只听不问，就不能掌握真实全面的情况。因此，在听汇报时，要通过插话适时加以提醒和引导。比如，对于偏离主题，抓不住重点的汇报，可通过提出问题，使其回到主题上来；对于表达能力较差的汇报者，可采取与其共同讨论的方式，把事情的来龙去脉搞清楚；对于沾沾自喜、报喜不报忧的汇报者，可在汇报到一定火候时，让其重点汇报存在的问题和不足。总之，机关人员听汇报，不能将自己完全置于别人怎么讲自己就怎么听的被动地位，而是要以积极主动的引导，驾驭汇报过程，变被动为主动，从而达到预期目的。

（三）要进行认真的思考过滤

在听到汇报时，机关人员不仅要用耳去听，而且还要用脑去想，保持思维的高度敏锐，做到边听边想，边听边思考，边听边判断，边听边鉴别，这样才能在听汇报的过程中逐步建立起汇报单位工作情况的基本轮廓，才能明了其工作的主要成绩和特点，发现其存在的主要问题和薄弱环节，哪些做法可取，哪些经验有价值，哪些工作需要进一步加强等，真正达到由表及里的效果。

（四）要合理处理汇报中的细节问题

听汇报要处理好听与记的关系，既要把听下来的主要情况记下来，又不要埋头记录。时间、数据和需要了解的重点情况要重点记录，一般情况只记要点和大意即可。听汇报的过程中，要集中精力，不要交头接耳，不要随意走动。听完汇报后，机关人员可视情况对汇报单位的工作，简要地谈谈自己的感受和看法，话不要多，但要中肯、实在，以表扬为主、鼓劲为主，如果领导在场，一般不要插话，注意把领导的指示记录清楚。

六、向领导提建议的章法

向领导建言献策，是机关干部发挥参谋助手作用的一个重要体现。如何向领导把建议提好，其中有很大的学问和艺术。就大的方面而言，要注意把握以下几点：

（一）要提在当提之时

机关干部为领导出主意、想办法，虽然是一项经常性的工作，但一定要讲求时机。在一定意义上讲，时机是机关干部参谋助手作用发挥成功的必要条件。一个好的参谋点子，应该讲在当讲之时。讲早了，领导思想毫无准备，引不起注意；讲晚了，领导早已心中有数，难免失去参谋的作用和意义。

一般来讲，向领导提建议应当选择下列时机：一是形势任务发生变化转折时，这时领导的思想往往有一个适应过程，或者思路还未完全理清楚，最需要听到有启发思路、打开工作局面的好点子；二是出现在发生紧急情况时，如单位发生重大事故、案件或驻区发生重大灾害后，打乱了工作计划，领导急需从全局上调整工作部署，这时机关干部如能送上一个应急的好点子，可以说正当其时；三是领导决策时遇到难以决断的事情，往往举棋不定、左右为难，这时，如果机关干部能给领导出一个去弊存利或利大弊小的点子，就能促使领导定下决心；四是当有些工作或决策有明显不当或容易造成不好影响，而领导又未察觉或不知悉有关情况时，机关干部不能袖手旁观，一定要直言相告，千万不能在一边观望。

（二）要切实考虑成熟

向领导提建议，不能鲁莽行事，一定要慎之又慎。如果自己考虑得半生不熟，就冒冒失失和盘托出，不仅帮不了领导的忙，而且往往容易使自己陷于被动。这就要求机关干部在平时工作中要做有心人，经常留意工作，经常储备情况，经常思考问题，对工作和建设中的一些全局性、长远性、根本性的重大问题，以及领导比较关注的一些问题，脑子里要有比较全面的情况，有自己的认识和看法，有解决问题的办法；对一些特别重要的事项或临时出现的一些情况，则要深入搞好调研，切实做到深思熟虑、胸有成竹。

一般来讲，一个成熟的建议至少应当具备以下条件：一是要全面系统，不能支离破碎，提"半截子"建议，应当是解决问题的整体方案；二是要有充足的理由，基于考虑的事实和情况比较全面翔实，利弊分析比较客观透彻，不会误导领导；三是要比较明确，不能含含糊糊、模棱两可。

（三）要着眼大局利益

给领导出主意、当参谋，根本出发点在于促进工作和建设。因此，机关干部提建议时，一定要从全局出发考虑问题，本着有利于工作、有利于发展、有利于领导、有利于同志的原则，做到心底无私、公道正派，切忌从个人的好恶或小团体的利益出发，带着私心杂念去分析问题，不能提那些狭隘的、可能带来不良影响的建议，尤其不能出那些仅仅满足个人意愿和好恶，而有损工作大局、有损单位形象、有损领导威信、有损同志团结的馊主意、坏点子，有时哪怕个人和局部利益受损，也要顾全大局利益。特别是有些时候，机关干部要有一点敢于提逆耳之言的胆略和勇气，看到某些决策有明显失误或失当的地方，就要不怕"犯上"，直言上呈，不能当"好好先生"。

（四）要有真知灼见

机关给领导出主意、想办法，要有质量、有水平，出大主意、拿"金点子"。这就要求机关干部在思考谋划工作时，一定要有很强的战略思维意识，有很强的预见性和敏锐性，站在高处，看在远处，善于把握工作和建设的发展趋势与规律，善于捕捉工作和问题的端倪，通观全局，紧贴实际，拿出见解深刻、实在管用的上策和良谋。尤其要解放思想，开阔思路，积极创新，敢于想别人没有想过的问题，敢于涉足别人没有涉足的领域，敢于研究别人没有研究的问题。这样提出的建议才易于打动领导、引起重视，对促进工作和建设才有更大的价值。

（五）要注意建议的方式

向领导建言献策，如果不讲求方式方法，不仅不易被领导采纳，而且很容易好心办错事。提建议时，一定要以领导能够或便于接受的方式，比如，有的建议应该在会上提，有的建议则应在会下提；有的建议应以直截了当的方式提，有的则必须含蓄委婉；有的当着别人的面可以提，有的则只能向领导一个人提；有的应在领导工作不忙时提，有的则因为时间要求紧迫需要马上提。总之，机关干部提建议，要有"眼色"，把握好最佳时机。

七、代为领导传话的章法

代为领导传话，是机关干部的一项经常性的工作。能不能传好话，事关领导统一思想，增强团结，消除误解，协调工作的大局。为此，机关干部必须认真把握好传话的学问和艺术。

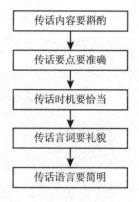

代为领导传话的章法

（一）传话内容要斟酌

机关干部作为领导意图的贯彻执行者，一般来说，只要是领导交代的传话内容，都应一丝不苟地认真对待。但是，有时领导交代的传话内容，需要机关干部再三斟酌，不能原话照传。比如，有时几个领导在一起议论工作，可能涉及某个不在场的领导的是非对错，机关干部在传话中就不能犯自由主义，不加分析乱传。一个领导对另一个领导布置的工作、提出的意见等，有不同的看法，并当着机关干部的面发几句牢骚，讲几句过头话，并让机关干部去转告。遇到这种情况，机关干部传话的时候，就要把过头的话删掉。总之，机关干部传话的时候，一定要从搞好团结和工作的大局出发，对传话的内容认真分析鉴别，该传的一五一十地传，不该传的坚决不传。

（二）传话要点要准确

领导让机关干部代为传话，一般都是口头随便交代。这就需要机关干部在受领任务时，要听清记清，记住领导反复强调的原话，没有听清的，要向领导提问，确保无误；要对领导交代的话进行一番"品味"，真正准确领会领导的意图，切实厘清传话的中心意思；要在传话时准确表达，一般不要随便加上自己的评价和观点，不说含混不清或可能引起误解的话，确保其他领导获得准确无误的信息。

（三）传话时机要恰当

如何选择恰当的传话时机，要视情况而定。一般来讲，在领导心情不好的情况下，在领导与群众聚会的时候，在领导与别人谈工作的时候，在领导工作特别忙的时候，在领导参加重要会议的时候，在领导研究重要问题的时候，在领导批阅重要文件的时候，或当着领导的家人或有其他人在场的时候，都不宜仓促传话，因为传话的内容无论是通报情况、提供建议，还是商议事情，都要让领导有个冷静思考的环境。如果不注意这一点，就有可能使领导把考虑不周的意见拿出来，造成工作失误。

（四）传话言词要礼貌

机关干部代为领导传话时，一定要讲究言词的礼节性。领导在交代传话的内容时，有可能没有多少礼节性的语言，但机关干部在传话的过程中，则一定要加上，同时还要进行必要的渲染，以增加传话的效果。比如，代为副职领导向主官传话时，可突出请示、汇报、尊敬之类的言辞；代为同级领导之间传话时，可突出协调、帮助、支持之类的话语；代为主官向副职领导传话时，可突出商议、信任、称赞之类的言辞，等等。当然，机关干部对领导礼节性言词加以渲染，一定要把握度，否则，会起到反作用。

（五）传话语言要简明

向领导传话，语言要简洁明了、条理清楚、直奔主题，突出重点和关键内容，不能兜圈子、绕弯子，"犹抱琵琶半遮面"或"千呼万唤始出来"，这样，既占用领导的时间，又说明不了问题，极容易引起领导的反感。

八、陪同领导下基层的章法

机关干部陪领导下基层是一项经常性的工作，也是锻炼能力、树立形象的重要途径。做好这项工作，对于发挥好领导机关应有的作用，树立机关干部的良好形象，辅助领导实施正确决策，以及有效地指导基层工作，都具有直接的现实意义。同时，陪同领导下基层又是机关干部施展才华的极好时机，还是向领导、基层同志学习的好机会，也是领导认识和考察机关干部的实际步骤。因此，掌握陪同领导下基层的方法和要领，不是一般意义上的工作方法问题，而是机关干部必备的能力和素质，是当好机关干部的基本功。

（一）陪同领导下基层的一般程序

陪同领导下基层，根据情况和任务的不同而有所区别。总体上可按以下步骤进行。

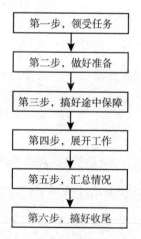

陪同领导下基层的一般程序

第一步，领受任务。当接到陪同领导下基层的通知后，要适时交接好手头的工作，并及时向有关部门或直接向领导请示下基层的任务、目的、所去的单位、出发的时间，以及领导有何要求等。与此同时，要粗线条地思考开展活动的方案。

第二步，做好准备。一要准备文件、资料。属于领导交代带的文件，切记带全。还要根据需要，带足其他有关文件资料。要充分考虑到领导下基层的意图和基层实际情况，及时向领导提供全面准确的资讯。下基层前，要提前开展调查研究，广泛收集有关资料，把领导想了解的情况提前准备好，基层提出要解决的问题罗列好，让信息准确到位、资料及时到位，为领导全面系统地分析问题、做出正确决策做好铺垫。二要准备生活用品。可根据时间长短、人员多少，带足生活费用和其他生活必需品。三要通知所去单位。要讲清启程日期、车次和到达的时间、人员、任务、开展工作的简要打算，基层应做的准备等。对途中要经过的单位，也要事先打个招呼。四要联系交通工具。带车时，要提前通知有关单位准备和检修车辆；不带车时，要提前购买车（船）票。五要拟订活动计划。要根据领导的意图和主要工作任务，对如何开展工作做出详细安排，并征得领导同意。如果时间过于仓促，也可到基层后边展开工作边制订活动计划。

第三步，搞好途中保障。自带交通工具时，出发前要向驾驶员详细交代行进路线、到达的时限，提醒注意安全，并亲自带车，协助驾驶人员正确处理途中的情况。乘坐火车、轮船时，要注意保管好文件资料及其他物品，谨防丢失，并周密安排好途中食宿。

第四步，展开工作。到达基层后，一般应先听取有关情况介绍，然后商定开展工作的方案，在此基础上迅速展开工作。在协助领导工作过程中，应注意以下四点：一要对总的活动安排和大的工作方面，要及时向领导请示；二要对开展工作的情况要及时向领导反映；三要对工作过程中发现的问题要及时提出解决的办法，并向领导报告；四要对事务性工作，要大胆处置，切忌事事都请示领导。

第五步，汇总情况。随着工作不断深入，掌握的情况将越来越丰富，在此基础上应着手汇总情况。可根据任务要求，起草领导讲话，或起草调查报告，或起草汇报材料，或起草典型经验等。如果当时来不及形成文字材料，更要注意把下基层全过程的资料进行系统整理，为以后起草文字材料做好准备。

第六步，搞好收尾。陪同领导下基层回来后，要及时向有关领导和部门报告有关情况；根据领导在下基层期间所做的指示，做好跟踪检查指导和督促落实的工作；下基层中涉及其他部门的工作和情况，应根据领导要求，及时向有关部门通报、转达；有些需要有回应的工作，要及时向领导报告处理情况；做好有关资料的整理、归档工作。

（二）陪同领导下基层的基本要求

陪同领导下基层是在动态中进行的工作，任务不同、所去单位情况不同、领导的脾气性格不同，对机关干部提出的具体要求也不同，但基本要求大致有以下几个方面。

（1）把握领导意图。在陪同领导下基层的整个过程中，都要注意认真领会领导的意图。不仅对领导的讲话要认真学习领会，而且还要善于在与领导的交谈中领会领导的思想。在某些问题上与领导的看法不完全一致时，允许积极谈出自己的看法，但如果领导已经定下决心，机关干部就要积极执行，切忌不管领导态度如何，三番五次"建议"，干扰领导的决心。

（2）精心安排活动。对做哪些工作，开展哪些活动，哪些需要领导参加，哪些场合需要领导讲话，讲什么内容等都要周密计划。特别是涉及领导参加的活动，要充分论证，必要时可先到实地勘察，然后提出方案，领导同意后方可实施。切忌不经领导同意，自作主张。活动开始前，要到现场检查落实情况，确保万无一失，防止草率行事或撒手不管。

（3）主动开展工作。机关干部要有"主角"意识，要善于站在领导的高度全面观察思考问题，不仅积极考虑自己应该做哪些事，还要考虑领导应该做哪些事。切忌事事都依赖领导，仅仅满足于领导安排啥自己就干啥，甚至一些琐碎小事也等领导发话安排。机关干部要克服满足于和领导一起听汇报、开座谈会，习惯于闭门造车搞材料、造经验，不愿深入基层的倾向。要深入基层搞好调查研究和实地考察。对基层的情况做到亲知、真知、深知。要有甘当小学生的精神，以交知心朋友的真诚态度，沉到下面去，多层次、全方位地掌握基层全面情况，特别是把存在的主要问题及原因搞清楚，增强工作指导的针对性和有效性。

（4）言行举止得体。机关干部陪领导下基层，是否举止得体、言行有度，体现个人修养素质，关乎机关形象树立。在下基层过程中，机关干部要自觉摆正位置，克服身居"帅"府、伴君左右的骄气，谦虚谨慎、诚恳待人，言谈举止合乎身份；要谦让而不畏缩，客气而不俗气，协调有力、指导到位；要严于自律，处事不出格、不越轨。做到严格按照规章制度办事，按照领导要求办事，按照实际需要办事，以求真务实、真抓实干、廉洁自律的良好形象影响和带动基层。在工作安排上，要大胆提出建议，切忌明知不妥当，也装作没看出来；讨论问题时，要大胆表明态度，切忌明明有不同看法，也违心地表示同意；研究材料时，要大胆发表意见，既不要唯唯诺诺，更不能拐弯抹角。

（5）时时提醒领导。凡涉及领导的活动，一定要提前向领导报告，让领导早进入情况、早做准备。需要领导出席会议时，要提醒领导带上有关的文件材料；需要领导到会讲话时，要提醒领导考虑思路；需要领导参加活动时，要提醒领导先做什么、后做什么。生活上也是如此。

（6）注意拾遗补阙。领导考虑大事多，工作繁忙，在个别方面难免出现遗漏，机关干部要主动补台。如本应领导出面而因故未能出面时，要及时向基层说明情况；本应领导讲的问题一时未讲到时，要采取适当方式，巧妙地予以补充；本应领导出面做的工作，因故未能做到或未来得及做完时，要尽量想方设法予以弥补。

（7）养成记录习惯。对领导的指示、讲话以及茶余饭后闲聊中讲的一些见解以及基层建设方面的有关情况、事例、数字等，都要做好记录，加以分类整理；对基层反映的情况，特别是对请示上级帮助解决的问题及领导对问题的答复意见等，更要准确无误地记录下来，以便督促检查和贯彻落实。

（8）勤于思考问题。机关干部绝不能停留于跑跑颠颠、开门倒水等日常事务，要学会从全局着眼、从细微处入手，善于观察和思考，不断提高自己的洞察能力、思考能力和指导能力。要认真学习领会领导指导基层的方式方法，把陪领导下基层的过程作为提高认识、分析、解决问题能力的有效途径和重要机遇。学会在纷繁复杂的事物中，见人所未见，察人所未察，从一般现象中发现线索、抓住问题，对发现的问题要善于去伪存真、抓住本质。要经常琢磨问题，力争对每个问题都有独立见解。只有这样，认识问题才有深度，发言才有分量，向领导提建议才容易被采纳。

（9）协助领导把关。在领导需要就某一方面或全面情况给基层讲话、做指示、讲评时，机关干部要主动当"参谋"，积极谈出自己的看法，说明讲成绩应该讲哪几个方面，点问题应该说几件什么事，特别要说明哪些方面应该详细讲，哪些方面最好不讲，等等。

（10）主动搞好服务。在协助领导做好工作的同时，要照顾好领导的生活，以保证领导有更充沛的精力抓好工作。

（11）讲究礼节礼貌。在与基层或下级机关的领导和同志们交往中，要谦虚谨慎、戒骄戒躁，切忌高傲自大、自吹自擂。在与领导的交往过程中，既不能过于拘谨，也不能满不在乎，要热情大方、礼貌周全。乘车时，要提前开好车门，待领导坐稳后再慢慢关紧车门；用餐入席时，要请领导先进，领导落座后自己再坐；席间除了礼貌地回答领导问话外，一般不过多谈论其他话题。

（12）严格遵守纪律。机关干部要严于律己，带头遵守基层的规章制度，为基层做好样子。陪领导下基层，在开展工作过程中难免要涉及党委机关以及基层领导的一些机密事项。作为机关干部，不该自己知道的事情要自觉不听、不问，即使看到了、听到了也要守口如瓶，切不可为显示自己而说一些不该说的话，甚至为了套近乎而说一些"悄悄话"。

（三）平时需要做好的几项工作

陪同领导下基层，是机关干部各种技能的综合运用。要完成好这一任务，就要注重从平时做起，不断提高自己的机关业务素质。

（1）努力提高自身水平。一是深入学习党的创新理论，不断提高认识问题、观察问题、分析问题的能力；二是广泛学习写作和演讲知识，加强实践锻炼，不断提高文字和口头表达能力；三是加强思想作风修养，培养宽宏大度、谦虚谨慎、雷厉风行，快、准、细、严、实的工作作风；四是刻苦钻研业务，努力精通本行，还要留心学习各个方面的知识，努力使自己博学多才。

（2）准确掌握上级的精神。既要认真学习掌握上级关于基层建设的有关文件和指示，也要熟悉本级党委机关对基层下达的任务和要求，还要熟知基层各方面工作的有关规定。特别要注意防止和克服只熟悉个人分管的工作，而对其他工作一窍不通的倾向。

（3）全面了解基层的情况。要注意加强对基层情况的控制和掌握。尤其是对基层的体制编制、主要任务、历史传统、主要成绩和进步、存在的问题以及有关领导干部的姓名、经历、特点、家庭和工作情况等，都要多了解一些。

（4）尽量熟悉领导的性格习惯。由于受年龄、职务、经历、家庭等情况的制约，领导们的脾气性格和生活、工作习惯也各不相同。比如在工作上，有的习惯于快刀斩乱麻，有的则习惯于精雕细刻，有的白天工作效率特别高，有的则是晚上开"夜车"出成果等。机关干部要注重掌握领导的脾气性格、兴趣爱好，并善于根据不同领导的不同特点，适时调整自己的工作方式和方法，这样才能完成好陪同领导下基层的任务。

九、领导有分歧时的应对章法

我们在机关工作中常常遇到这样的情况，领导意见一致，对于机关干部顺利开展工作是非常值得让人庆幸的。但是，应该看到，矛盾无处不在，无处不有，很多时候领导的意见并不一致，甚至产生很大的分歧，这时候就需要我们端正态度，灵活处置，采取适当的办法。

（一）端正态度，冷静处理

有人说，千难万难，领导拍板就不难。的确如此，领导的意见一致，决定果断，对机关干部来讲，就有了行动的依据和方向，工作便可以顺利开展。但在实际工作中，难免会遇到领导有意见分歧的时候，遇到这种情况，机关干部一定要端正自己的态度。

首先就是要保持冷静。不能因为要急于完成任务而不知所措，更不能机械的用某一领导的意见来回扯皮推诿，这样会越弄越僵，使问题变得更加复杂。要正确分析领导的意图，安排部署这项工作的意图是什么？有哪些基本的原则和要求？最终要达到什么样的目的？由此，努力找出共同点和分歧点。这样便有了解决问题的基础。

要保持谦虚的态度。说话时要注意语气和声音，多用"请示""报告"等对领导表示尊重的事情，坦率适时的说出自己的建议，化解领导之间潜在的矛盾和分歧，顺利完成工作。

要从工作的大局出发。当领导之间意见有分歧时，要注意不能转达失误，对领导不同的意见要转述准确完整，不能掐头去尾，妄加猜测，更不能夸大其词，到处宣扬，推波助澜，加深矛盾。机关干部要工作的角度出发，从大局出发，客观对待，就能使问题得到圆满解决。

（二）坚持原则，灵活应对

由于领导的阅历不同，学识经历不同，性格脾气不同，观察问题的角度不同，出发点和掌握信息不同等因素，对同一件事情的处理往往会有不同的意见，相互有矛盾进而产生分歧的情况并不少见。而领导之间的意见不一致，就会导致决策朝令夕改或反复扯皮，让机关干部十分头疼。

一般来说，领导之间的意见分歧大概有以下几种情况。

一是直接领导和间接的高层领导意见不一致。这种情况下，要以直接领导的意见为准。

二是平级领导之间产生分歧。这种情况是由于单位的分工不够明确，业务范围存在交集造成的。这种情况下，最好的办法是从几位领导所处的角度和所表达的意图上寻找平衡，做出一个双方都能接受的折中方案。

三是低级别的领导与上级领导意见不合，两者又都不是直接领导。这种情况下，要区别对待，想办法引导领导从结果导向分析事情的利弊，从自己的专业角度提出见解，供领导参考，但是要听最后拍板领导的意见。

从机关干部的角度来讲，一种情况是，领导之间的分歧与自己的工作没有太大关系，这时候就要区别不同的情况，尽量少说，最好不说；另外一种情况是，领导之间的分歧，在自己的工作范围之内，但你对此又没有全面深刻的了解，那么要迅速查明有关背景材料，迅速考虑基本意见。当领导要求你发言时，最好简明扼要地把情况介绍清楚，然后把几个可供选择的方案提出来供领导们参考定夺；还有一种是情况紧急，需要领导迅速作出决策，而领导之间有分歧。这时候要开动脑筋，准确判断，迅速寻求一种领导都能接受的变通方案，待情况变化后再迅速调整，并向各位领导解释清楚，取得支持。

针对领导意见出现分歧的处理方法有以下几种：

一是按"时间先后"来处理。即哪个领导先说了就按照哪个领导的意见办。这实际上是不等不同意见表达出来就执行，可以避免听谁的话不听谁的话之嫌。

二是按"职务高低"来处理。也就是谁的职务高就主听谁的。虽然职级低的领导心里不高兴，但是不能完全埋怨机关干部，即使有意见也摆不到桌面上来。

三是按"实效大小"来处理。也就是你认为哪个领导的意见更切合实际，更富有成效，就按哪个领导的意见来办，并把自己的认识向持有不同意见的领导讲清楚。

四是按"兼顾左右"来处理。也就是在不违背大原则的前提下，对不同领导的意见尽量照顾到，也就是折中方案。

以上这几种方法都是可行的，有些情况下恐怕也只能如此。因为等领导们的意见统一起来再办，大概早已时过境迁了。工作毕竟不是儿戏，耽误不得。而有些问题本来就有多种答案，不存在谁对谁错，共识的形成往往只能在结果出来之后。当然，这几种办法又各有利弊。

（三）委屈求全，化解矛盾

作为机关干部，有时很需要自己（单位、个人）受点委屈，求得问题的解决。当领导意见不统一，一时难以调整时，在不违背大原则的前提下，从有利于解决问题出发，说服本单位领导吃点亏，让一分。如果是在"火头上"，则应做降温工作，切不可"火上加油"，越弄越僵。对于领导的某些指示，只听不传，特别是当主要领导意见不一致时，更应绝对保证只听不传，这样就会减少误会，使矛盾得到缓解。

在向领导"巧言善辩"化解矛盾和分歧时，还要做好经受委屈的思想准备。作为下属，自己的一番苦心能不能在领导那里"开花结果"，最终看领导能否接纳你的意见。领导有领导的个性，领导有领导的思想，领导有领导的处事原则，深入他的内心深处是一件很难的事，有时尽管你真理在握，一时可能也说服不了领导，甚至还有可能让领导产生误会。其实，往开处一想，"路遥知马力，日久见人心"，只要自己一心为公，心可照日月，领导虽然一时不能接纳你的意见，但终究会理解你。

委曲求全既是工作方法，也是思想修养。如果没有不计得失的精神，没有大局观念，是做不到的。

十、整理领导讲话精神的章法

机关干部跟随领导，其中很重要的一项工作就是把领导在各种场合中的讲话内容记录下来，必要时整理出来。领导的讲话，有时是在会上讲的，有时是在会下讲的；有时是针对某个问题讲的，有时是在某种场合随便讲的；有时是面对他的领导或上级机关汇报式地讲的，有时是面对他的下属指示式地讲的；有时是在公开场合讲的，有时仅仅是和机关干部及他的身边人员讲的。

无论哪种场合的讲话，都体现着领导的一种想法，体现着领导的一种意向。领导的一些新的观点，新的思路，新的决心，以及领导可能给单位即将下达的一些大的动作，大的举措，都常常先在他的各种场合的讲话中零零散散地流露出来。

机关干部很重要的一项任务，就是把领导在各种不同场合的讲话内容记录并整理出来，以备领导使用。整理领导的讲话，有如下一些方式：

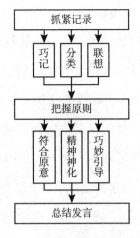

整理领导讲话的方式

（一）抓紧记录

所谓抓紧记录，就是尽量能把领导讲出的原话、原意记录下来。机关干部整理领导讲话精神的前提是做好记录。而做记录是有窍门有技巧的。这里讲的窍门和技巧不仅是指用速记、符号、代号等方式，而且是指如何把领导讲话的主要精神记录下来。

机关干部在对待领导随时性讲话问题上，通常易犯三个毛病：

一是不记。有的机关干部懒得很，无论领导在什么场合讲话，他都不做笔记，东张张西望望，甚至打瞌睡。领导的话讲完了，他的本子上竟是一片空白。要知道，大多数领导是不喜欢机关干部对他的讲话不屑一顾的，特别是不喜欢机关干部对他的讲话无动于衷。某部 A 领导，不仅有很高的军事才能，而且有很高的写作水平。他的讲话常常在深思熟虑之后，每次讲话简直是一篇很有分量的材料。机关干部只要把他的讲话记录下来稍加整理，就可以定型成文了。一次，这位领导下部队调查回来，同随员一起研究怎么样写好这个调查报告。当大家发言完毕后，他缓缓地站起，开始发言。跟随他多年的机关干部，知道这位领导要"一锤定音"了，于是都拉开了做记录的架势。部属的这些举动，引起领导的兴趣，进一步激发他发言的热情。然而，有一位新来的宣传干事，不知道A领导的这种习惯。当A领导发言时，他心里想，领导还不是随便扯一扯。所以，他的两眼只是紧紧地盯着领导，并不去抓紧记录。A领导看到这位干事的举动，当即给予批评。

二是乱记。有的机关干部，仅仅是领导讲话的记录机器。凡领导讲的话，什么都想记。结果，笔记做了一大摞，眉毛胡子一把抓，到整理的时候，该用的内容却找不出来。这种记录也等于没有记。

三是假记。有的机关干部，领导讲话时，只是礼貌地装出一副做笔记的样子，其实什么也没有记，或者仅是随便地记录了与领导讲话无关的内容。

正确的做法是：

1.巧记

第一，记原话。记录时，尽量记下领导发言时的原始语言，他怎么讲你怎么记。这种语言很生动，很有个性特点。因为同样一件事情，表达时各人有各人的表达方式。比如讲到体育：

生物学家说："体育是物竞天择式的淘汰。"

心理学家说："体育是人类征服欲的宣泄。"

科学家说："体育是高科技的较量。"

医学家说："体育是包治百病、延年益寿的灵丹妙药。"

艺术家说："体育是健、美、力三维一体的组合。"

教育家说："体育是社会文化的重要组成部分。"

从上面对同一事物的不同表达方式可以看出，记录发言人的原始语言是何等重要。当然，领导们对同一事物的表达语言不会像上面这些"家"大相径庭，但每个人也有不同的风格。

第二，记要点。即把你认为重要的观点、语句、段落详细地记下来。这些要点可供你在整理时，进行扩展、发挥，来个举一反三。

第三，记易忘点。主要包括：时间、地点、人名、数字、各类专业的专用术语等。

第四，记疑问点。领导在发言中，或者由于讲得太快，或者语言深奥难懂，或者专业性太强，机关干部人员没有听懂，没有听清，就要用特殊符号记下来，以便抽空问清楚。

第五，及时追记。有时领导随便讲话时，机关干部不好意思当面拿出本子就记，但又非记不可，就先在脑子里牢牢记住，离开领导后赶快追记下来。

2.及时分类

我们在这里讲的记录，不是会务工作中讲的那种专门进行的"会议记录"，要求有言必记，有音必录。我们讲的记录，主要是指为以后准备整理加工成文的一种记录。

所以，这种记录一般不要把每个人的发言按先后顺序一个接着一个地往下记，而是按问题归类记录。比如，在某个会议上，甲领导共讲了4个问题，你可以把第一、二、三、四个问题分别记在笔记本的1、10、20、30页上。当乙领导发言时，他也讲4个问题，你在记录时就要思考，乙领导讲的第一个问题和甲领导讲的第3个问题差不多。于是，就记在笔记本的20页，即甲领导发言的第三个问题之后；乙领导讲的第二个问题与甲领导第四个问题相似，于是就记在笔记本的第30页，即甲领导发言的第四个问题之后；乙领导讲的第三个问题，和甲领导讲的内容没有类似的部分，就新开辟个专栏，记在第40页上。依此类推。

当把领导们的讲话记录完毕，你回头一看，这种记录已基本形成几个条条、块块，再经过反复琢磨，不断推敲观点和事例，领导讲话的主要精神基本上可以呼之欲出。为了便于整理，在记录时对领导讲出的重点内容、重要观点，以及自己没有听明白的地方，都要用自己特定的符号标注出来，以备整理时使用。

3.引起联想

引起联想，不是随心所欲的胡思乱想，而是根据领导讲话的精神，把领导的讲话加以完善和深化。也就是，把领导想说但没有来得及说出的那个意思说出来；把领导想说但没有说完的那些空缺填补起来。

引起联想的一般方式是：先顺着领导讲话的顺序往下听，往下记。听着听着可能会突然发现领导讲出了一些精彩的话，而这些精彩的话领导并没有讲全、讲透，聪明的机关干部能顺接着领导这个精彩内容的"茬口"，想出一些更精彩的内容来。这些精彩的内容，如果没有领导这个"茬口"的引发，自己无论如何是想不起来的。遇有这种情况，机关干部人员就干脆顺着自己的新思路，来上一番"畅想曲"。这个"畅想曲"实际上就是我们平时所说的"灵感"的萌发和开启。这种"灵感"有时像打开闸门的蓄水可以一泻千里，也像充满压力的水柱，可以高高喷起。只要机关干部人员把这些灵感毫无保留地引发出来，并快速地记录下来，那么，这种记录即使这一次整理领导的讲话用不上，将来也会成为用得上的宝贵资料，甚至会成为某篇文章中的点睛之笔。

机关干部人员把自己的某些联想整理进领导的讲话内容里时，要坚持两条原则：

一是必须符合领导讲话精神的原意。即是说，领导的讲话精神必须有你的这种联想的意向，只不过是没有充分表达出来。你的这种联想，仅仅是对领导讲话精神的一个补充，一种完善。如果领导的讲话根本没有这种意向，而仅仅是你本人的一种想法，那么，你的联想再深刻，再精粹，也不能往里"瞎掺和"。如果要"掺和"进去，必须事先征求领导的意见。

二是必须是领导讲话精神的深化。就是说，你的联想，可以使领导的讲话内容"锦上添花"，而不是"节外生枝"用自己的所谓联想，把领导的讲话内容搞得面目全非，或者让别人产生某种歧义，这是万万不可取的。

（二）诱导会议主持人做好总结性发言

主持会议的领导常常能统揽全局，胸有成竹。他们可根据自己多年的实践经验，对许多问题讲出高人一筹的看法。只要他们能认真地加以思考，就可能出语惊人，观点新鲜，思路清晰。机关干部把他们的总结性发言记录下来稍加整理，就是一篇好文章。所以有经验的机关干部，常常不是事后自己苦思冥想，给领导的讲话"编"出什么新鲜的内容来，而是事前，启发领导顺理成章地讲出你预料不到的内容来。

（三）追踪重点人做好补充发言

领导对某个问题的看法，不仅仅限于会议上的一次发言。机关干部在会议记录的过程中会发现，有些领导的发言，绝大部分内容可能很一般，但就某个问题的认识很独到，见解很精辟，想法很新鲜。可由于时间的关系，讲得还不透彻，不精确，需要追踪补充。于是就找一个适当的场合，如到他家里，到他办公室，或者和他散步，让领导就这个问题再谈一谈看法。一般说来，领导们很欢迎机关干部这样做。他们觉得这是对自己的一种尊重，一种重视，能体现出自己的水平。所以，他们这时候往往能侃侃而谈，而且有问必答，讲得很认真，很耐心。比如机关干部对这位领导讲："领导，您在会上讲的第二个问题，我觉得挺深刻，可我还没有全明白您的意思，您再给我讲一讲。""领导，您在会上讲的第二个问题我觉得很有新意，但由于别人插话了，您没有讲完，能不能麻烦您再补充一下？""领导，您在会上讲的第二个问题，很有见解。但我觉得您好像没有把话讲完，您能不能再给我往深里说一说？"只要机关干部这样做了，就一定可以把领导的讲话精神整理好。

十一、接待工作的章法

接待工作是一个单位的门面，是透视一个单位作风的窗口，也是联系和增进感情的纽带。搞好接待还是为上级领导机关和来访者创造良好工作环境的前提。所以，作为一名机关干部，决不能把接待工作看作是小事，而应当把它当作一件事关单位荣誉和建设的重要工作，以高度负责的态度认真做好。

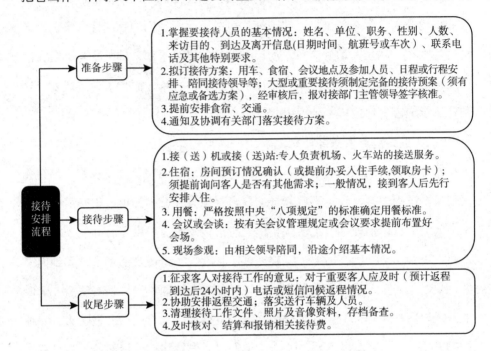

接待安排流程

准备步骤
1. 掌握要接待人员的基本情况：姓名、单位、职务、性别、人数、来访目的、到达及离开信息(日期时间、航班号或车次)、联系电话及其他特别要求。
2. 拟订接待方案：用车、食宿、会议地点及参加人员、日程或行程安排、陪同接待领导等；大型或重要接待须制定完备的接待预案（须有应急或备选方案），经审核后，报对接部门主管领导签字核准。
3. 提前安排食宿、交通。
4. 通知及协调有关部门落实接待方案。

接待步骤
1. 接（送）机或接（送)站:专人负责机场、火车站的接送服务。
2. 住宿：房间预订情况确认（或提前办妥入住手续,领取房卡）；须提前询问客人是否有其他需求；一般情况，接到客人后先行安排入住。
3. 用餐：严格按照中央"八项规定"的标准确定用餐标准。
4. 会议或会谈：按有关会议管理规定或会议要求提前布置好会场。
5. 现场参观：由相关领导陪同，沿途介绍基本情况。

收尾步骤
1. 征求客人对接待工作的意见：对于重要客人应及时（预计返程到达后24小时内）电话或短信问候返程情况。
2. 协助安排返程交通；落实送行车辆及人员。
3. 清理接待工作文件、照片及音像资料，存档备查。
4. 及时核对、结算和报销相关接待费。

（一）接待工作种类

　　按对象分，有对上级领导机关的接待，有对兄弟单位领导和群众的接待，有对部属的接待；按规模分，有对团体的接待，有对工作组的接待和对个人的接待；按准备时间分，有预先准备的接待，有仓促准备的接待，有毫无准备的接待。

（二）如何做好接待工作

　　就某一次接待来说，通常分三个阶段进行：准备阶段，实施阶段和收尾阶段。以接待上级领导机关工作组为例，在每次接待的三个阶段中，一般要做好以下工作。

　　一要了解情况。当受领接待任务后，首先弄清对方的人数、职务、乘坐车种（车次）、航班到达时间、来的意图、可能停留的时间及我方领导在接待方面的意图和要求。

二要安排食宿。根据了解到的情况，及时与管理部门一起相应地安排房间，并督促服务人员搞好室内卫生，准备好冷热水等；根据已确定的伙食标准，预先通知管理部门和招待所，安排好就餐。

三要做好接站（机）工作。根据客人乘坐的车次（航班）时间，提前到车站（机场）迎接，帮助客人拿好行李，引导客人出站乘车。

四要做好迎接。事先在来人预定到达的位置等候，客人到达后，要热情相迎，主动作自我介绍，引导客人到招待所洗漱和休息。

五是引见。客人安排就绪后，及时向单位有关领导报告。双方领导接触时，必要的情况下，接待人员要向对方介绍我方领导的身份。

六是掌握活动情况。了解和征求上级领导来到后活动的方式和工作安排，做到心中有数。

七是准备好活动场所。事先通知双方有关人员，督促我方服务人员搞好保障。

八是就餐。计算好就餐人数，并事先通知我方陪餐人员，必要时要安排好就餐桌次和座次。

九是预订返程票。提前了解客人离去的日期，预订好车票。

十是送行。预先准备好车辆，通知我方领导送行。

十一是通知接站单位。及时通知客人去往单位迎接。如客人回原单位，也可由客人自行通知，但须提前沟通好。

最后是做好收尾工作。及时与有关部门结清账目，做到客人送走，事情办完。如果上级领导还要在本单位活动一段时间，并到所属单位视察或调研，要提前通知所去单位，并将所去意图、活动时间安排、是否食宿等问题交代清楚，使客人所去的单位提前做好准备。同时，随从人员要做好服务保障工作。

（三）接待工作的基本要求

无论什么样的接待，都要坚持做到热情、周到、朴实、勤俭。

思想一定要端正。有的同志往往把接待工作只看作是管理部门的事，工作缺乏主动性。实践证明，这种态度是做不好接待工作的，必须树立以我为主搞接待的观念。有的有低人一等的观念，把接待工作看作是一种侍候人的工作，感到不光彩。这是不正确的，必须树立服务光荣的观念。有的还存在只有钱多才能接待好的观念，认为满意靠钱买，没钱难接待。事实上，接待工作更多的是靠服务周到。应树立钱少更要接待好，也能接待好的观念。

工作一定要细致。做好接待工作要脑勤、嘴勤、腿勤，要想得很细，做得很实。接待中许多问题往往都出在一个"粗"字上，所以，搞接待一定要细之又细，切不可粗枝大叶。一个人到一个单位办事情，人生地不熟的，最渴望的是不要遇到门难进、脸难看、话难听的情况，如果能得到热情接待，一杯茶，一个微笑，都使来人产生亲切感，使他们在心理上得到抚慰。

态度一定要热情。不管来访者身份高低、"牌子"大小，一定要笑脸相迎，欢颜相送，使来访者有入门三分暖，好似"宾至如家"之感。接待工作是一个感情交流的工作，一句话，一个动作，一个眼神都可以传递一个信息。接待工作是认真负责、实实在在、热情周到的工作，切莫推三拖四，欺瞒哄骗，敷衍了事。接待工作是一个单位的窗口工作，来人对一个单位印象的好坏，有很大一部分取决于接待人员，所以，接待工作必须"见真心"。

接待要有针对性。接待工作是一门科学，有很多学问。被接待的人员兴趣不同、爱好各异，要有的放矢，区别情况，有针对性地搞接待。

要不怕吃苦。搞接待是个苦差事，人家休息自己忙，心累、腿累，辛苦又紧张，遇到一些矛盾和棘手问题，往往也很难处理，尽管如此，稍有疏忽可能还要挨批评。这就要求接待人员既要有很强的吃苦精神，又要有不计名利的思想品质，只有这样，接待工作才能真正做好。

　　附：某市机关工作接待流程

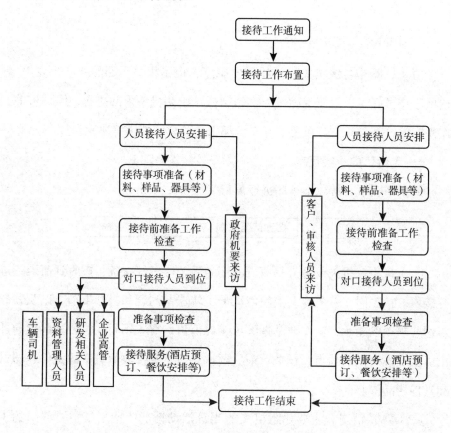

第二类　日常事务的办理章法

一、值班工作的章法

值班，既是各级机关的一项重要制度，也是机关干部的一项重要工作。这项工作做好了，对于保障领导实施指挥、密切机关内部协作、维护机关工作秩序等，都具有十分重要的意义。那么，怎样才能值好班呢？

（一）值班的一般程序

通常情况下，按以下程序进行值班。

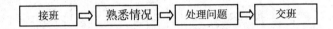

接班 ⇒ 熟悉情况 ⇒ 处理问题 ⇒ 交班

（1）接班。机关干部受领值班的任务后，应做好准备，按时到值班室进行接班。接班时，首先要向上轮值班员了解遗留问题和待办事项，以及领导对这些事项的指示；其次要掌握哪位领导值班，哪些领导在位，哪些领导外出以及出发时间、地点、任务；最后要认真清点和接收值班室的文件、器材和其他用品等。

（2）熟悉情况。主要熟悉机关的当日活动情况，特别是主要部门的工作情况；熟悉单位情况，重点熟悉值班分队和所属部（分）队的位置及活动情况。

（3）处理问题。这是值班工作的主体部分。一是处理待办事项。对上轮值班中遗留下来的待办工作抓紧承办，达到件件有着落，要将结果报告有关领导，或通告有关部门，并记录在案。二是进行上传下达。将下级的请示、报告迅速准确地报告给领导或上级或有关部门；将上级和领导的指示及时传达给下级；将友邻的有关情况通报给有关单位和部门。三是处置各种情况。

汇集到值班室的情况，值班员要按照职责，该请示的请示，该报告的报告，该答复的答复，该值班员处置的直接处置，做到事事落实。四是电话督促检查。也就是以电话的形式，询问、督促所属机关、部（分）队对领导和上级机关的命令、指示的贯彻落实情况。五是记录值班日记。通常，凡是值班中接收的情况和处理结果，值班员都要记录下来，以便交班时使用和将来存档备考。六是上报部队情况。就是将部队一日活动情况上报上级值班员和本级值班领导。

（4）交班。交班时，值班员先简要介绍本人值班的基本情况。然后介绍受理、已处理和待办事项；介绍所属部（分）队的主要活动情况和主要领导的在位情况；介绍收到和转送的文件、信件和其他情况等。

（二）值班中受理情况的处置方法

（1）对一般情况的处置。一是对上级事务的处置。对上级领导和机关的命令、指示、通知，值班员应采取边听边记或先记草稿然后加以整理的方法记录；当载体是传真件、电报和其他文件时，要归纳整理出要点，记在值班日记上。而后，根据内容的重要程度、时限等级抓紧向值班领导或有关领导报告，请示解决的办法。最后，逐项处理、逐件落实。二是对本级事务的处置。对本级领导和机关的命令、指示、通知，已有文字稿的应迅速下达，没有文字稿的值班员应将通话内容形成文字并请领导审阅后再下达；下达时，值班员应问清对方的单位、姓名、职务等，并主动介绍自己的身份，然后在电话里口述所要处理的情况内容，直至对方准确地记下来。三是对下级事务的处置。对下级请示、报告，如在值班员的权限之内或已有明确原则的，应直接答复处理，事后向领导或上级报告；当值班员无权处理时，应立刻向值班领导或有关领导请示，然后答复处理；一时处理不完或近期难以处理的，应把此事项的进度、遗留问题、未处理完的原因、今后处理的意见和建议等记在值班日记上，并向领导或有关业务部门领导报告，以便适时安排解决。

四是对友邻事务的处置。这部分的事务是指同级单位、部门或不相隶属的单位、部门之间的电话联系和商办事宜等。如果对方了解不属于秘密的情况，值班员应热情相告；若自己不掌握，应向有关领导或部门了解；如果对方通报情况，值班员应认真记录，然后根据情况的实际价值，报告领导或有关业务部门处理。五是对接待事务的处置。如有参加会议、学习取经、调查研究、公务往来、上访投诉等人员到值班室询问、联系、要求解决事宜等，值班员可先与有关领导、单位、部门联系，然后把他们介绍过去。如果来人所要找的单位、部门因故不能接待，或近期不能接待时，要向来人解释清楚。

（2）对特殊情况的处理。对紧急事务的处理。这类情况突发性、时效性较强，要求值班员迅速向有关领导报告，或边处置边报告。以火速解决问题为准，切忌呆板、教条。对兄弟单位请求帮助事务的处置。当接到这方面的情况后，首先要问清对方的要求，立即报告领导，并按领导指示，或通知有关部门具体承办，或婉言拒绝并做好解释。对军地纠纷事务的处置。对这类情况，值班员要把纠纷事宜进行要点记录，而后跟有关领导或部门联系，或者直接介绍给有关领导和部门。当领导和有关人员不在时，要如实向当事人说明。

（三）对值班员的基本要求

（1）要熟悉业务，掌握要领。一是掌握情况要主动、全面、准确。不要单纯依赖于"耳听"，被动地接收情况，而且还要"嘴问"，详细地了解情况，力求对情况的来龙去脉有个整体的了解，并对各种情况进行核对，切忌粗枝大叶，模棱两可。二是处理情况要灵活、恰当、及时。对受理的情况，既要根据值班员的职责和领导的指示办理，也要善于根据情况的发展变化，当机立断，灵活处理；要讲究科学性，避免盲目性和随意性，力求合情、合理、符合政策规定；要讲求效率，不上推下卸，不扯皮推诿，不懒惰拖拉，特别是在情况紧急、时间仓促的情况下，要果断处置，提高效率。三是记录情况要详细、规范、清楚。就是记录值班日记时要尽量把情况的前因后果、来龙去脉记录清楚，整理规范，做到书写认真，杜绝潦草。四是交接情况要有条理、精练、齐全。交班前要认真整理值班记录，使其层次清楚；交班时陈述简要，不啰唆；要把值班情况介绍全面，文件、器材交接齐全。

（2）要遵守纪律，严守岗位。值班工作是一项十分严肃、纪律性很强的工作。因此，值班员要做到在任何情况下都高度负责，认真坚守值班岗位，严格履行值班职责。确需离开值班岗位时，必须有干部代班，不能擅离职守。

（3）要坚持原则，实事求是。一是报告情况和反映问题要讲真话、报实情，既不夸大其词，也不轻描淡写，客观公允，实事求是。二是要有一种为领导和机关建设负责的精神，勇于提出自己的意见和建议。

（4）要谦虚谨慎，热情周到。值班员在了解情况、上传下达、接人待物等方面，一定要态度和蔼，谦虚诚恳，说话慎重，保守秘密。

（5）要严肃认真，细致准确。值班员无论接收报告、承办事情，还是处理某些问题，都要认真细致，严谨扎实，准确无误。防止似是而非，敷衍塞责，粗心大意。

（6）要雷厉风行，讲求效率。值班员对所做的工作和办理的事情，要分清主次先后，区别轻重缓急，该请示的及时请示，该报告的及时报告，该呈阅的及时呈阅，该传达的及时传达，坚持杜绝疲沓拖拉、扯皮推诿的现象。

二、接打电话的章法

随着生活节奏的加快和工作效率的提高，电话已成为彼此联系的重要工具。它具有传递迅速、使用方便、失真度小和效率高的优点，人们的许多交际活动是借助电话来完成的。我们在机关工作，电话是经常使用的办公用具。它是上情下达、下情上报、沟通左右、联系上下的一种直接快速工具。

但是，打电话，接电话，看似简单，确是艺术，正确发挥其应有的效能，却并不是一件容易的事情。长期的机关工作，正确使用电话是机关干部的基本功，也是最起码的要求。一个机关干部的思想水平高不高，业务能力强不强，机关工作正规不正规，往往可以从打、接电话和处理电话内容中体现出来。

那如何才能正确使用电话呢？

（一）怎样打电话

机关干部在打电话前要准备好电话内容。电话内容要提纲挈领，语言简洁，一文一事，开门见山点明通话的目的和结论。打电话前预先准备好，这样通起话来才能突出重点，抓住中心，条理清楚，避免啰唆。

当电话接通后，要先问明对方是否是所要的单位，接着主动通报自己的单位、职务、姓名，然后，再客气地问清对方的姓名、职务。在口授电话的内容前，先完成好"开场白"，可以增强双方的亲近感和责任感，便于检查电话内容的落实情况，同时又能缩短通话时间。万一发生电话贻误，也有利于分清责任，总结教训。

对于那些重要的电话内容要进行复述和核对。向下打的比较重要的电话内容，除了口齿尽量清楚外，对关键词句要加以解释。口授完毕后，一般要求对方复述一遍，防止笔误和口误。接收电话的人员在接完上级的重要电话后，应主动要求对方再复述一遍。实践证明，这是纠正对方记录错误的好办法。

而对于有些一般的电话，一时接不通或找不到人，而自己又要处理其他事情，必须指定代理人代为转达，但是事后要有检查，有落实，防止遗忘，在时间允许的情况下，可以再次通知或提醒对方，以示重视。

关于打电话这一问题，有的单位曾经确定过一个原则——一少二短三不打：

一少：尽量少打。

二短：汇报工作不超过十分钟；长途不超过五分钟。

三不打：不打无准备的电话；不打不是非打不可的长途电话；不打聊天说废话的电话。

这个原则可供参考。

（二）怎样接电话

当电话铃声响起来的时候，要首先问清对方的单位、职务和姓名。接到电话后，要主动通报自己的单位、职务、姓名。如对方没有通报单位、姓名、职务，要很客气地询问清楚。如对方通报了，自己没有听清楚，可以在通话前再询问一遍，对方即使是上级机关的负责同志，也要坚持这样做。这是为了便于万一有什么疑问时再请示或协调，也是为了防止坏人利用电话搞诈骗活动。

对接听电话一般都应有记录，包括发话单位、授话人、主要内容等都要一一记清楚。记录电话内容时，可采取速记法，先记在草稿纸上。而后再工工整整地抄写到《电话记录本》上。俗话说，好记性不如烂笔头。不要认为自己的记忆力强，不会忘记，而麻痹大意，草率从事。重要电话应主动要求对方复述，进行核对，防止遗漏。尤其是对那些非常重要的电话，更要向受话人复述一遍，不可有一点遗漏。

接完电话应询问对方"还有什么要求"或者"还有什么事情要办"。这样做，既是客气，又是提醒对方。如对方没有什么要求和事情，最后说声"再见"，如果是上级的电话，一般在对方放下电话后，自己再放电话。

接到要求找本单位领导或同事的电话，应先问明对方的单位、职务、姓名。但是不要问对方有什么事。如对方要找的领导和同事不在，则可以问对方能否让自己转告，或者说，要不要等他回来后再给对方打电话。

接听完电话后，要抓紧整理电话内容，并迅速处理。

要分清电话内容的轻重缓急。不管是上级打来的电话，还是下级打来的电话，往往有许多内容都是与本级领导和机关有关的，但是要分清哪些是重要的，哪些是一般的，哪些是马上就办的，哪些是今后一段时间内要抓好落实的，都必须认真仔细地区分清楚，灵活处置。电话内容处理得是否适当，主要取决于机关人员的政治嗅觉、政策水平和判断能力。电话内容的分量区分清了，处理起来也就能得心应手。

常见的几种电话的处置办法。一是紧急电话。任务比较紧急，时间比较紧迫的，必须立即报告。二是重要电话。事关全局的、有一定影响的，必须及时报告。对紧急电话和重要电话，要以最快的速度提出处理的办法和建议，迅速向领导报告，待领导做出批示或口头答复后，再通知有关部门或有关人员处理。三是一般性电话。内容不是很重要、时间比较宽裕的，可以集中起来，向领导汇报或者在交班会上提出。凡是在自己职权范围内的，又能够处理的，应抓紧时间办理，但是办完后要向领导报告。四是业务性的电话，及时转交各业务部门，由各业务部门提出落实意见，送领导审批后再具体办理。

要对电话内容的落实情况进行反馈。凡是上级电话指示中明确指出要有落实措施、处理结果和完成时限的，必须保质保量、按期完成，并将处理情况及时向上级报告。对下级的请求、报告和要求等，一定要有很强的时限观念，能办的马上就办，一时解决不了要及时回话。要防止"泥牛入海无消息"，切实做到"及时答复、马上就办"。

我们机关干部在使用电话时，首先要维护电话的严肃性。电话既然是一种办公用具，就要维护其严肃性，防止和克服随意性。在使用电话的过程中，要注意防止三种偏向：一是内容冗长，打电话的读得口干舌燥，接电话的记得筋疲力尽。二是通话次数多，通知一件事分几次打。三是繁杂，电话内容中心不突出，颠三倒四。使用电话中要言简意赅，切忌漫无边际、信口开河、东一榔头、西一棒子，更要注意不要有事无事利用电话唠嗑。

其次要讲究礼貌、礼节。有的拿起电话，嗓门粗口气大，命令式地布置工作，下达任务；有的不耐烦，不细心；有的"巷子里扛木头——直来直去"，态度生硬。因此，在打、接电话过程中，要提倡文明用语，讲究语言美。如"您好，请问贵姓？""您找哪一位？""您是哪一位？请稍等"等文明用语。接电话时，听到铃声一响，应马上接听。打完电话，要说声"再见"，对方放下电话后自己再放，以表示对对方的尊敬。

再次，要有严谨细致的作风。无论是打、接电话，还是处理电话内容，都要以对工作高度负责的态度，认真严肃地对待，防止误传漏记、马虎处理。特别是对一些重要电话，一定要按照程序办理，该传到哪级的传到哪级，该呈报哪级领导处理的呈报哪级领导，切不可自作主张、擅自处理，或疏漏遗忘、压而不报，给工作带来被动和损失。

最后，要严格保密规定。机关使用的《电话记录本》要妥善保存，搞好交接，防止丢失；打、接电话时，音量适当，防止泄密。同时，在与外界的接触中，不要泄露部队内部的电话号码，防止坏人通过有线电话窃密。

三、收文处理章法

（一）收文处理概述

收文是指外部送达本机关、本单位的公务文件和材料的收进。办公室文秘处理的收文，大致有以下几种：文件，电报，信函，内部刊物、资料，其他文字材料，但这些文书材料都必须是属于公务性质的。其中信函有两种：一种是一般干部、群众写的，作为人民来信，由信访机构处理；另一种是有关负责人为了某种事情（例如提出建议等）给机关来的信，其内容或是报告，或是请示，或是其他事宜，都是为了公事。一般内部刊物、资料，凡供领导工作参考的，则属于收文范围。公开的刊物、资料，如果是供领导工作或研究工作参考的，也可划入收文范围。定期供应、交换的公开的图书杂志，则不属于办公室文秘工作的收文范围。

收文的渠道大体来自四方面：机要通信局、机要局（科）、邮电局和专人投递。

（二）收文处理程序

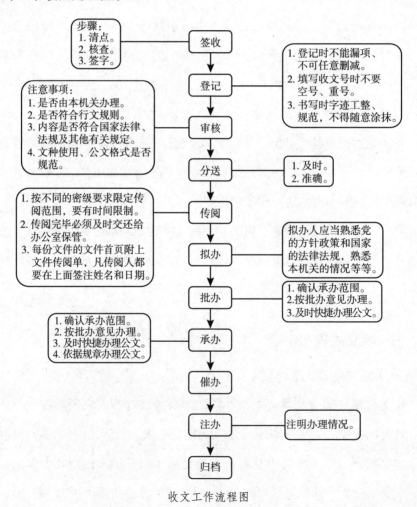

收文工作流程图

收文工作流程包括签收、登记、分发、启封、送批、拟办、承办、催办、注办、归卷等。需要答复的公文和向外转发的公文，从拟稿起又进入发文处理程序。

1. 签收

收到来文，首先要看清是否属于本单位收文，然后清点，核实来文数量、封皮编号与投递是否相符，检查文件装封是否破散，密封条是否被拆等情况，检查无误后，方可签字、盖章、注时。

2. 登记

将收到的文件先按来文机关或部门进行分类，按收文日期、收文序号、来文单位、来文字号、密级、文件标题、份数、书皮编号等逐项进行登记。

3. 分发

需要办理的文件，要按批办意见，分送有关部门或承办人员办理。

4. 启封

启封也叫拆封。上级来文，均由文件专管人员拆封，其他人员不得拆封。凡私人信件、信封上标明"亲启""亲收"字样的，应送给标明的收信人拆封。绝密件，一般由办公室文秘拆封，有的可授权一般办公室人员拆封，应视各个机关的不同情况，根据授权办理。如系误投，应及时退回来件单位，以免误事。

5. 送批

上级来文由党办负责同志批阅。批文时要认真阅文，弄懂弄清文件要求，并提出处理意见。需办理件，要写清承办单位、承办要求、承办时限等；需阅知件，要提出阅知范围；需传达件，要提出传达范围和时间；需复印件，要提出翻印份数和发放范围等；最后要签名、注时。需要办理的文件，要按批办意见，分送有关部门或承办人员办理。

6.拟办

拟办是指办公室文秘对来文应由哪位领导审批、哪一部门承办，以及承办过程中可能涉及的事项提出初步处理意见，供领导批办时参考。机关收文中，并非全部需要拟办。对于以往明确固定颁发范围和处理办法的文件，以及一般性简报、刊物、资料等，都可以按已有的规定和惯例分发处理。需要拟办的文件，主要有以下三种：

（1）上级机关主送本机关并需要贯彻落实的文件；

（2）本机关所属部门或下级机关主送本机关的请示性文件；

（3）平等机关或不相隶属机关主送本机关需要答复的文件。

另外，有些重要的机密性较强的资料、刊物以及所属部门和下级机关主送本机关的情况报告，虽然不需办理，但也要提出分发意见，征得主管领导同意后方可分发。

拟办的直接结果是形成拟办意见，即拟请领导批示的文件，先由办公室文秘进行详尽研究，提出处理意见，并附以有关参考资料和背景材料；有几种方案的还须分别说明利弊，供领导抉择。

拟办意见是否准确恰当，对领导批办、文件执行和机关工作效率有直接影响。为此，要努力吃透所要拟办文件的内容和需要解决的问题，根据不同问题、不同要求和不同情况，分别提出具体的切实可行的拟办意见。

（1）对上级机关主送本机关并需要贯彻落实的文件，要根据文件的要求和需要落实的问题，提出拟请哪位领导批示，由哪个部门承办以及送哪些领导和部门阅知的意见。对上级下发的阅知性文件，也应根据文件内容提出分发意见。

（2）对本机关所属部门及下级机关主送本机关的请示性文件，要根据所请示的问题和要求，提出由哪个部门承办和如何办理的意见。对涉及面比较广、内容又比较复杂的请示性文件，要根据具体情况，提出不同的拟办意见，不要按一个模式都写成"请×××同志阅示""请×××同志批示"。

（3）在处理请示性文件时，常常会遇到多头主送、越级上报的问题，应根据不同情况分别处理。对多头主送的请示，要看请示的问题是否属于本机关职责范围，如确属本机关职责范围的事，应按来文机关的请示提出拟办意见；对不属本机关职责范围的事，可不写拟办意见，只分送有关领导阅知。对越级上报的请示性文件，一般不予处理。属重大紧急的，则应提出拟办意见。对抄送本机关的请示性文件，一般不需提出拟办意见，分送有关领导和部门阅知即可。

（4）对平行机关和不相隶属的机关主送本机关并需答复的商洽性文件，要根据文件所提出的需要办理的事项、商洽的问题，提出应由哪位领导审批或由哪一部门承办和如何办理的拟办意见。

（5）对请示的问题，需要几个部门承办的，在提出拟办意见时要写明主办部门或主办人，并请主办部门牵头与其他部门商办。

（6）对一些难以提出拟办意见，或认为所提意见没有把握时，应先与来文机关或有关部门联系商洽，确有把握时再提出拟办意见。

（7）对承办部门提出处理意见后转回来的文件，应根据承办部门所提意见和要求再次提出拟办意见。

（8）提拟办意见要注意政策把关。

（9）拟办意见的表述，文字要准确，观点要鲜明，书写要工整，并且简明扼要，一目了然。拟办意见要写在"文件处理单"上，切不可在文件上随意乱写。

（10）为使领导准确地批办，拟办意见要随同有关资料、政策依据和背景材料一并呈送，供领导批办时参考。

7.承办

办公室文秘收到需要办理的文件后，要及时提出拟办意见，送领导批办，然后按领导批示意见转送承办部门或承办人。这样，这份文件就进入了承办阶段。

负责承办的部门和人员收到承办文件后，首先要认真研究文件内容和批办意见，弄清是否属于自己承办的范围。对不属于自己承办范围的文件，要及时退回，并说明情况，不要因为不属于自己承办范围，就放置一边不管，影响该文件的运行。凡属自己承办范围之内的，都要按照领导批示及时提出具体处理意见（有前案材料的应将前案材料附在后面），报本部门领导审批后立即处理，并将处理结果及时报告领导。凡领导批办意见中明确提出由某部门牵头承办的，牵头部门要先准备好处理意见，邀请协办部门协商会签，由牵头部门负责将有关部门提出的意见归纳整理，报领导审批。如有分歧，应报送领导裁决，或按领导意见再次会商，得出处理结果。承办人要将处理结果填写在"文件承办单"上，或另写一份材料附在承办文件上（注明承办部门和承办人），然后将承办文件转回文书管理部门拟复。

做好承办工作，应注意以下几个问题。

（1）承办人员接到交办文件后，首先要阅读、研究文件的内容，然后分清轻重缓急，安排处理。

（2）在仔细研究来文内容、要求和领导批办意见的基础上，认真办理。凡属自己承办范围的文件，如有领导批示意见，可以根据领导批办意见办理。未经领导批办的公文，可以遵循有关方针、政策的精神和有关规定或惯例等，酌情办理。凡领导批办意见中明确提出由某部门牵头承办的，牵头部门要先准备好处理意见邀请协办部门会商会签，再由牵头部门负责将有关部门提出的意见归纳整理，报领导审批。

（3）承办要讲求效率，分清主次先后，有条不紊，并落实责任到人。收到承办文件，要及时处理，急件要当即办理。对有时限要求的文件，要在规定的时间内办完。对需要几个部门联合办理的文件，主办部门要主动牵头，协办部门要积极配合，抓紧办理，不能互相推诿，久拖不决。对确难按期办完的文件，要及时向有关领导反映，以便采取相应措施。对所有的承办文件，都要有个答复，即使不能办理的也要向交办部门说明情况。

（4）有些文件不能一次办结，需要一个再次办理或多次办理的过程。比如，有时下级请示的问题，本级解决不了，还需要转报上级批准或答复；上级来文要求报送的情况和材料，还需向下级要情况，然后汇报上报。

（5）承办人员对已经办理结案的文件要向交办机关（一般指办公部门）报送结案报告，并做好注办工作。所谓"注办"，就是承办人员把文件的处理结果在文件的适当位置（比如在文尾或公文处理单上）作简要注明。如果是行文答复的，则应注明行文的文号。如果是用其他方式答复的，则应注明答复的时间、地点、交办的人员及主要内容四个方面的情况，并签署承办人姓名及日期。注办是为以后的收集归卷工作做准备，以便于日后检索和利用。

8.传阅

需要传阅的文件，要按批示意见传阅。传阅中，应先送主要领导和分管领导阅；各部门间安排主管部门先看。领导同志阅文后要签字、注时。如有阅批意见，要按领导同志的意见，做好补办工作。文件传阅前，要认真登记，阅完后进行检查，随时掌握文件的去向。

9.催办

催办，是指文件处理过程中的催办。催办工作从广义上来说，是对上级领导机关和领导的指示、本机关所做的重要决定和领导交办的事项以及机关所属部门和下级机关的请示等项在承办落实过程中的查询督促工作。它是避免积压、加速文件运行的手段。通过催办不仅可以提醒承办部门及承办人员在规定的时限内把事情办完，而且可以使单位领导及时了解文件承办的进展情况，保证圆满完成领导批办的事项。有些办公室文件送出后就算完事大吉，对文件承办情况不闻不问，结果使有些文件长期积压在公务出差、请假人员手里，误时误事。因此，办公室文秘应在催办工作上狠下功夫。

催办工作一般都由办公室文秘承担。在较大机关，由于催办的文件较多、涉及面广，也可以配备专职的催办人员。

（1）催办的范围。文件处理过程中的催办，是指在需要办复文件的承办过程中的督促检查工作。它的具体范围包括：

①上级机关主送本机关并需要具体实施、贯彻执行的文件。

②所属部门及下级机关主送本机关的请示及其他需要办理的文件。

③平行或不相隶属机关发来商洽、征询事务需办理或答复的函件。

文件处理工作中的催办工作包括两个方面：

①对内催办。就是对本机关内部承办文件的情况进行督促催办。

②对外催办。就是对本机关发往其他机关并需回复的文件进行催办。办公室催办工作的重点应放在对内催办上。对外催办一般可由机关主管业务部门负责。

（2）催办的方法。目前，文件处理催办主要有电话催办、发函催办、登门催办和请承办部门来人汇报等四种方法。

①电话催办。电话催办比较简便易行，就是由办公室文秘直接打电话给承办部门或承办人，询问了解文件承办的情况，并将什么时间打的电话、受话人是谁、办理情况等记录在催办登记上，以便下次催办或销办。

②发函催办。办公室文秘通过书面形式发函给承办部门或承办人，督促和了解承办件的办理情况。

③登门催办。办公室文秘亲自到承办部门面对面了解和询问文件的承办情况，督促尽快办理。

④请承办部门来人汇报。对于一些重要而又紧急的文件，机关领导要直接听取承办情况时，办公室可请承办部门派人来汇报。这种办法不常使用，也不宜多用。

（3）催办的要求。催办工作直接关系到文件处理速度与办公室工作效率。办公室文秘要做好催办工作，必须做到以下几点：

①重视催办工作。在较大机关的办公室要设专人负责催办，必要时可考虑设催办工作机构。在一般单位也要有人兼管。

②健全催办制度。办公室文秘在催办工作中要根据文件的具体情况，对承办部门分别提出办理时限要求。一般来说，紧急件要在当日内办理完毕，一般件也不能超过一周。

③催办文件要有登记。办公室文秘对需要催办的文件应当单独登记，做到心中有数；翻开登记，一目了然，便于催办，避免遗忘。登记的方法主要有两种：利用收文登记簿兼做催办登记簿；在收文登记簿上分出一部分账页专门登记催办性文件。

④加强催办检查工作。办公室文秘要定期对需要催办的文件进行检查。对尚未办完的文件，要加强催办，并将催办检查情况及存在的问题尽快向主管领导汇报。要做到件件有着落，事事有回音，防止漏办。

10.注办

文件办理完毕，应在《收文登记簿》或公文处理单上注结，注明办理日期，并简要写明办理结果。

11.归卷

将办理完毕的文件按不同的分类和序号分别归在相应的文件分类盒内，以备查考。

12.清退

接到文件清退通知以后，要按规定的清退范围和清退时间，填写清退表，到所在地党政机关文管部门进行清退。清退中发现文件短缺，要认真组织查找，并及时向上级主管部门汇报。

13.立卷

把对本单位工作有查考价值的上级文件、材料收集齐全，按文书立卷有关规定整理成案卷，并填写案卷目录。

14.归档

将立好的案卷向综合档案室移交，移交时应履行审定、交接手续。

15.销毁

没有存档价值的文件以及其他材料，经鉴定、批准后，可进行销毁。销毁秘密文件，要由专人（两人以上）到指定的造纸厂鉴销，严禁向废品收购部门或个人出售。

四、发文处理章法

（一）发文处理概述

1.发文的内容

发文主要包括七个方面：请示文件；批复文件；向下发的指导性文件；向上级机关反映本地区或本部门工作或情况的报告及对上级机关交办事项的回复；对平行机关（包括不相隶属机关）商洽工作的问函或复函；代上级机关翻印或转发的文件；机关编印的简报、刊物。

2.发文处理

文件从拟稿（翻印、复印）到发出的整个运行过程称为发文处理。发文处理的任务就是完成文件从拟稿到送出的全过程的处理工作。具体环节主要有拟稿（接收文稿）、核稿、会签、送审、签发、登记、编号、印制、分装、投送等。在实际工作中，有的机关常常根据上级要求，向所属机关或下级单位翻印、转发和直接代发上级文件。发文处理的程序，可划分为两个阶段，即成文阶段和发放阶段。成文阶段包括拟稿（接收文稿）、核稿、会签、送审、签发、印制等六个环节，也就是办公室从拟稿（接受文稿）到印制或打印成文的过程。发放阶段包括登记、编号、分装、抄送等四项工作。

发文处理同收文处理一样，也是办公室文秘工作的重要组成部分，是机关领导具体贯彻执行党和国家的方针政策，具体实施领导的重要方式。

发文处理工作做得如何，直接影响单位的工作效率。作为办公室文秘应重视这项工作，扎扎实实地做好这项工作。

（二）发文主要程序

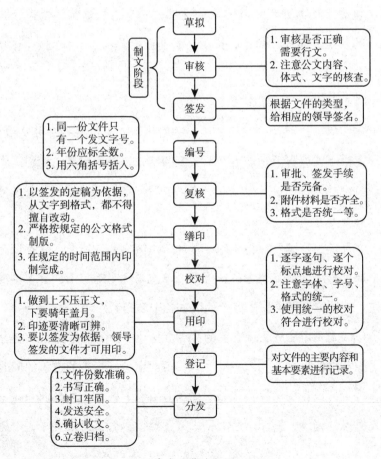

发文工作流程图

1.拟稿

拟稿即撰写文件的初稿或草稿。初稿或草稿供修改、讨论和审阅用，不具有任何法定效力。文件拟稿一般一次形成，重要的文件需要反复讨论修改，可以形成几次或几十次草稿。

一个机关或部门制发的文件，是在两种情况下形成的：一种是被动制文，就是针对本机关收文而被动形成的文件，如对下级请示的批复，对平级或不相隶属的机关来函商洽工作、询问事项的复函，应上级要求所做的报告，等等。这类发文可视作收文处理工作的继续。另一种是主动制文，就是根据本机关工作需要而主动形成的文件，向上级的请示、报告，向下级部署工作的决定、通知、命令、指示，向平级机关商洽、询问事项的公函，等等。

拟稿时或拟稿后应该掌握或注意的问题：

（1）在文稿前边要用公文稿头纸。一般机关、单位都备有公文稿头纸，拟稿时一定要逐项填写清楚。公文稿头纸的格式，一般包括：标题、主送单位、抄送单位、拟稿单位、拟稿人、联系电话、单位领导签署、有关部门会签及签发等等。

（2）文件发放范围要写得明确、具体。一般有两种情况：一种情况是单称单位，即发给一个或几个单位，可以把单位名称明确写出；另一种情况是全称单位，即发给全部所属的各个地区、各个部门。

（3）拟稿人要把形成文稿有关的文字资料和拟稿的依据附在文稿后面。

（4）批转报告也是发文的一种形式，一般在拟好报告的文稿的同时，代拟批语，然后将报告稿和批语文稿一并送上级机关核发，不必像一般工作报告那样先将报告编号、打印，经上级机关领导指示后才另批批语，以免费时误事。

（5）主管部门拟以上级机关名义发的文稿，要经部门领导审核签字，涉及其他部门的问题，要送请其他部门会签。文稿几经审核，修改校对，要打印校对后再送审。

拟稿的具体要求是以下几点：

（1）标题要醒目，可以使阅读者一目了然。

①公文的标题构成要包括行文机关名称、公文内容和公文名称等三要素，不应随意简化。

②公文的标题要与其内容相适应，使人一看标题便知其内容。如文题不相符，收文机关在百忙中便容易处理错，使行文的目的不能尽早实现。

③标题给人们的概念应是完整的，准确的，不能模棱两可，让人们去猜测。

（2）主题要明确。撰写一份文件，要解决什么问题，怎样解决，都要非常明确、具体。公文的主题明确，既便于受文机关处理，也有利于行文机关预期目的的实现。因此，主题明确是非常必要的，对于请示来说则尤为必要。请示的主题不明确，上级机关阅后悟不出文中到底有些什么要求，自然也就无法处理答复了。

（3）要一事一文。公文的形成是以实践中提出的问题为根据的，有一件事情就应行一个文。若等到几件事情一起行文时，就会耽误时间。尤其是各个机关或部门，其业务都有一定分工，如果一份文件中涉及几个不同类别的问题，处理起来则必然要涉及几个机关或部门，转来转去或等来等去，就会贻误工作。

（4）党务与政务事宜要分别行文。属于政府方面的工作，如需请示上级机关时，都必须以政府名义向上级政府机关呈请；属于党务方面的工作，如需请示上级机关时，则应以党委名义向上级党委呈请。批复等下发公文，也应遵循这个原则。应注意的是党务与政务事宜不要混在一起行文，也不要交叉行文，特别是政府机关不能向下级党委机关行指令性公文。如果在行文中党政不分，势必得转来转去，误时误事。

（5）行文要有新内容。行文是宣传新思想和解决新问题的，尽管允许对某些事情反复宣传，但也应有新认识和新措施。造成"文山"的重要原因之一，就是本无新意却硬要行文，结果使前后几个文件的内容雷同。不仅浪费了行文机关的人力和物力，而且浪费了收文机关广大人员的精力。

（6）公文内容要符合现实。行文要符合客观实际，要符合现行的总政策，要集中反映本部门或本系统的现行政策，要与有关方面的现行政策相一致。

（7）行文字体要规范化。

①用统一的标准文字。以汉字为例，在其规范化上，主要是不要再用已宣布停用的繁体字和异体字。

②注意用好标点符号。

③注意各种业务上专用符号的应用。

④字迹要清晰、工整。

（8）向上级机关行文不要做过多的议论。议论的目的是要阐述一定的道理。向下级机关行文时，讲一些道理，明确文中事宜的重要性，以引起大家的重视，是非常必要的。但向上级机关行文时就没有这种必要了。

2.核稿

即对文件草稿进行审核。由办公室分管文字的负责同志在草稿未送主管领导审批之前，依据公文的基本要求，对草稿的体式、内容等进行全面的审核。

3.会签

各职能部门需以党委、政府等名义发文时，部门领导在公文稿纸"核稿"栏签字；凡涉及其他有关部门事宜，要事先与有关部门会签，核稿或会签后送党委办公室或政府办公室。党政联合行文的还要由主管或分管领导会签。

4.审核

指拟就的文稿在送交有关领导审批或会议讨论通过之前，由经验丰富、政策理论水平和文字水平较高的相关工作人员等对文稿所做的全面核查、修改工作。

5.签发

（1）签发的原则。在具体操作中，公文签发的原则包括以下几个：

①按职权划分的原则。由于领导人工作上有分工，因而只有对自己职权范围内的有关文件才有签发权。

②集体负责的原则。对于某些有关全局的长期性、关键性文件，必须由领导班子集体讨论、通过，共同负责，最后由主要领导签发。或由领导班子集体讨论通过后报请同级人民代表大会及其常务委员会批准，而后再由机关主要领导签发。

③授权代签原则。当文件法定签发人因公外出或因其他原因不能签发，可以授权或委托其他领导人代为签发，事后再送法定签发人阅知。一般性的事务文件，但又必须以领导机关的名义发文时，也可委托办公厅（室）负责人代签。

④加签原则。凡欲以业务主管部门名义发出的文件，原则上应由业务部门负责人签发。但当文件内容涉及方针政策等重大问题时，应送主管领导审阅后加签。

⑤会签的原则。当文稿内容涉及两个以上业务主管部门的职权范围时，必须经相关部门的负责人共同协商，并在发文稿纸的"会签"栏内签署具体的核准意见。会签后的文稿，有两种发布形式：以业务主管部门的名义联合发文；以领导机关的名义发文。以业务主管部门名义联合发文，会签后即成定稿；以领导机关名义发文，会签后仍是草稿，经机关领导签发后才能成为

定稿。

（2）签发的程序。先审后签，是各级领导在签发文件时必须坚持的操作程序。签发人对自己核准的文件从政治内容到文字都要负完全责任，如果未经过目就签字同意，那是很危险的，也失去了"签发"的实际意义。领导人在签发前审阅的重点是看是否需要行文，该以谁的名义行文。

关于是否需要行文，应该掌握的原则是：

①可发可不发的公文坚决不发；凡在会议上已经部署了的工作，或在报刊上已经发布过的公文，除印制少量供存档的文本外，一般不再重复行文；凡是能够通过口头汇报、请示或可以当面协商解决的问题，不要行文。

②看是否符合国家的法律、法规与上级机关的同类文件，是否有不协调或相抵触的地方。

③看是否需与有关部门、地区协商和会签，是否经主管部门负责人先行审核，是否经办公室审核、登记。如发现文稿内容涉及其他部门的职责范围或相关地区的管理权限，且又没有协商、会签时，应暂不签发，责成主办单位组织协商、会签后再送审。

审阅文稿时要尊重主办单位或拟稿人已经付出的劳动，只要文稿在大的方面没有问题，就不必吹毛求疵。但如发现有问题需做重大修改时，就不要迁就，甚至可以推倒重来。

（3）签发的格式包括核准意见、签发人姓名、签发日期三项，缺一不可。

①核准意见要具体。常见的核准意见有："同意印发""打印发出""抄清后发"等。如果认为文稿还应送其他领导审阅，应写明"请××同志审阅后印发"。在实际工作中，有的领导习惯于用"圈阅"的形式代替签发。按照规定，圈阅是有条件的。"圈阅"，指审批文件的领导阅毕文件后，在送阅、送审单内将自己的姓名周围画一个圆圈，把自己的姓名圈在中间，表示

对文件内容已阅知或同意。有的在画圈的同时还引一条直线至空白处，再签上自己的姓名和圈阅时间。过去，不少有关公文处理的教科书都把"圈阅"视为不负责任，明确反对。但在实际工作中，仍有不少领导人习惯于圈阅。由于圈阅并没有签署具体意见，个别不负责任的领导事后往往推托说："圈阅只表示我知道，但并不表示我同意。"据此，《国家行政机关公文处理办法》对"圈阅"赋予了特定含义："审批公文，对有具体请示事项的，主批人应当明确签署意见、姓名和审批时间，其他审批人圈阅视为同意；没有请示事项的，圈阅表示已阅知。"

主批人，文件内容负主要责任的领导人，不能圈阅了事，必须签署具体批准意见。

②其他审批人——对文件内容承担次要责任的其他领导，在没有不同意见（即同意主批人意见）的前提下，才可以圈阅。

③签发人姓名要写全。有的领导在签发公文时，只写姓，不写名；或写名不写姓；甚至仅写一字母，一个代号，让人费解，或引起误解，都是应当避免的。

④签发日期不缺项。签发日期应年、月、日都有。有的领导却习惯于只写月、日而不写年份，时间一长，就会影响对文件生效日期的认定和查考。

核准意见、签发人姓名、签发日期均应写在专用发文稿纸左上侧"签发"栏内，不要直接写在文稿首页或尾页空白处，以利立卷归档。

总之，那种只签核准意见不签名，或只签名不写核准意见，甚至以画圈代签发，都是不允许的。

6.登记

这里指发文登记，主要登记行将发出的公文的发文字号、文种、标题和发文范围。

7.编号

文稿经领导同志签发后，要进行编号登记，防止发文混乱。编号应按公文格式新规定的方法编排，一般包括发文代字、发文年号和该年度发文序号三部分组成。

8.校对

是文件制发过程中的一个重要环节，也是机关工作的一项重要工作职责。要坚持三校制度。一校由起草者进行，二校由核稿人员进行，三校最好由部门负责人进行。校对时要以文件定稿为基准，进行认真仔细的校对，连标点符号也不能放过，把住文件制发的最后一关。

9.印制

即对经领导同志签发后的文稿进行印制，在印制过程中，必须做到：

（1）必须以经领导同志签发后的定稿为依据，忠于原稿，不得随意改动，确需改动的要报经签发人批准。

（2）注意排版艺术，版面的安排要美观大方、赏心悦目。

（3）注意保密，文印人员不得让别人随便翻阅文稿。对印制的底板、清祥、废页也要管理好，防止泄密。

10.用印

即在制成的公文上加盖机关印章，这是公文生效取信的凭证。用印要做到端正、清晰、位置恰当，即所谓"上不压正文，下要骑年盖月"。

11.分装

发放文件时，必须建立发文登记簿，严格履行收文人签字手续，保证文件发放不出差错。

12.投送

指将已封装完毕的公文以适宜的方式（如走机要交通等）发送给受文者。

13.归档

这是发文处理工作最后一道工序，即将制成的文件连同文稿一起，按正文在上、草稿在下的顺序收集起来，年终按文书档案管理的要求，整理归档。

（三）发文注意事项

（1）发文中，有些程序根据实际情况可以跳过，如会签。有些程序可以合二为一，如拟稿和审稿。

（2）防止公文制发程序中的"倒流"问题。倒流是指在制发公文过程中，公文稿送审程序是逆向运转的。本来，按照正确的公文制发程序，公文稿的核稿、送审、签发应当是经过一条渠道，即先送党政领导机关的办公室核稿，然后逐级向上送审。但是，有些业务职能部门违反正常的送审程序，把要求上级党政领导机关批准的公文，或者以上级领导机关的名义上报、下发的公文直接送给了上级机关的领导审批签发，而没有先送给上级领导机关的办公室进行核稿。也有的领导机关自己拟稿的发文也习惯于径直送领导签发。这样，等领导审改签发后，文稿才转到办公室进行核稿。这种不正常的公文运转方式，就是"倒流"。要解决"倒流"问题，一是业务部门要按程序送审；二是领导要帮助把关；三是领导的文秘人员帮助把关；四是核稿人员认真把关；五是草拟文稿的部门协助把关。

五、印章的管理与使用章法

（一）印章的含义及作用

印章是国家行政机关、企事业单位职能作用在法律上的标志。在进行各种活动中，印章能够表明身份，起到权力和凭证作用。

严格按照规定使用和管理印章，是机关干部的重要职责，也是会办事的一项重要内容。

机关、单位的印章是机关、单位权力的象征和职能的标志，具有一定的权威性。这种权威性来自机关单位及其领导人的法定性。各级各类国家机关都是按有关的组织法和编制法建制的，社会团体和企事业单位经注册登记后也具有法定地位；领导人也都是经过法定程序产生的，担任一定的职务，具有某种权威。而印章就是机关、单位及领导人的职责权限的象征。一份文件，一经盖上机关、单位或单位领导人的印章，就表示已经受到该机关、单位的认可并正式生效。

1.印章的主要作用

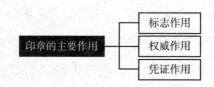

（1）标志作用。任何一个机关或单位的印章，都要标明这个机关或单位的法定全称，使人一目了然地看出其性质、级别和职权范围。

（2）权威作用。任何一个机关或单位及负责干部的印章、手迹都有一定的权威性。加盖印章后，在其职权范围内所发布的命令、指示、规定、制度等，就会发挥效力，所属单位和人员就要服从、执行、照办。

（3）凭证作用。各种各样的文凭证据，只有加盖公章后才能生效，才能表明某个机关或单位对此负有责任，人们才会相信它的效力。如任命书不盖印，任何职务的任命都是无效的；毕业证书不盖印，就无人承认其学历；现金支票不盖印，就不能取出现金；等等。

2.印章的种类

从文秘部门印信管理的工作来看，印章大致有以下几种：

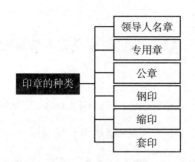

（1）领导人名章，即本单位领导人的印章，包括领导人手书体的名章。这种领导人名章，与个人私章性质不同，属于公务专用章。它具有行使职权的标志和权威作用。有些凭证不但要加盖公章，而且还要加盖领导人的名章才能生效。政令，财务预、决算，银行支票，合同、协议、毕业证书等都需要加盖领导人名章。

（2）专用章，即单位为了便于工作，专门刻制用于某种特定用途的印章。这种印章只适用于印章上标明的使用范围，超过这个范围就失去了法律效力。

（3）公章，即按照法定的规格、外形、尺寸和样式刻制的标明一个机关或单位法定全称的印章，是一个机关或单位的标志和象征。

（4）钢印，即用金属材料刻制的上下两部分凸凹相对，可以直接在文凭证件上压印出字迹的印章。一般用于需要贴照片的证件等。

（5）缩印，即按照正常比例缩小用于印刷的专用公章。实际上还是一种专用章，只能用在小型票证上，如税务发票及其他专用票等。不能作为正式印章用于介绍信或出具证明等。

（6）套印，即按照正常比例制作的专门用于印制文件的印章。

（二）印章的颁发与启用

一般由使用机关或单位派专人到颁发机关领取印章。办领双方要当面检验印章，然后由颁发机关将印章密封加盖密封标志后，由领取人出具收条带回。

印章带回机关或单位后，由办公室负责人拆封检验，然后指定专人保管，印章正式启用后方可使用。

印章是在机关被正式批准成立后，由上级机关颁发，并经批准持上级机关证明信，到当地公安部门指定的刻章单位刻制。经过验收合格的印章，应登记，盖好印鉴，以备查考。颁发印章时，应严格履行颁发手续，特别是颁发正式印章时，要郑重其事，安全可靠；颁发其他印章，也要按程序办理。印章在正式颁发启用前，应按印章制发权限由上级机关或代管机关发正式启用通知。启用通知的范围一般以该印章使用范围而定。为了防止伪造，要作印模留底并报上级主管机关备案。国家行政机关和企业事业单位、社会团体的印章，如因单位撤销、名称改变或换用新印章而停止使用时，应及时送交印章制发机关封存或销毁，或者按公安部会同有关部门另行制定的规定处理。

单位印章具有法定权威性，严禁伪造印章或使用伪造印章，违者将受到法律的惩处。如发现伪造印章或使用伪造印章者，应及时向公安机关或印章所刊名称单位举报。

（三）印章的管理与使用

1.印章的管理

印章的管理，要注意如下事项：

（1）严格管理，健全制度。国家行政机关和企业事业单位、社会团体必须建立健全印章管理制度，加强用印管理，严格审批手续。未经本单位领导批准，不得擅自使用单位印章。印章的保管，按照规定，正式印章、专用印章、钢印和手印等都应指定由机要文秘或政治上可靠的人员保管。按照保密要求，保管者不得委托他人代盖印章，更不能自己随意带出办公室，或交他人拿走使用。应将印章存放在安全、有保密设施的地方，尽量做到专柜保管，没有专柜，也要在存放印章的地方装上牢固的锁。有条件的机关、单位，最好放在保险柜里，随用随取随锁。各级办公室都应备有用印登记册，主要登记用印时间、用印的部门或个人、用印的事由、用印的数量、用印批准人、用印经手人、监印人等。登记册要妥善保存，以便日后核查。

（2）严格审批程序。一是严格手续，按规定的制度办事。原则上盖哪一级机关的印章，应由哪一级负责人批准。批准应有文字手续，并在用印登记表上注明；文字批准手续和用印登记，要妥善保存备查。有些纯属日常事务不涉及重大事宜的，单位领导人可授权保管印章的人员具体掌握；有固定格式的外出介绍信，可经有关领导一次批准，盖一本或若干本的印章，交有关处、室、科负责人具体掌握，存根要归档。二是对所盖印章的文字内容必须认真审阅，尤其是对一些特别情况的用印，更要审阅清楚。如需要经办人亲手盖章，必须有领导人明确批示，并登记清楚，否则不能用印。三是盖出的各种印章，必须保证位置恰当、文字端正、图形清晰。公文盖印要盖在单位署名的中间，不可压住正文。盖印时，握法要标准，印泥（油）要适度，用力要均匀，落印要平衡，使字形清晰，以求庄重、美观和有效。

2.印章的使用

各级机关单位都应制定印章的使用规定。印章管理人员须严格按照规定使用印章。原则上，使用机关或单位的印章，要由本机关或本单位的领导人审核签字。使用机关或单位办公室的印章要由办公室负责人审核签字。为了方便工作，对一些一般性事务的用印，机关或单位的领导也可授权文秘部门或印章管理人员审签。但是，一定要明确授权范围，超出范围的，应请示领导审签后方可用印。

印章管理人员用印前，要认真审核，明确了解用印的内容和目的。待确认符合用印的手续后，在用印登记簿上逐项登记，方可用印。除留有存根的介绍信、机关或单位发文有发文登记外，其他用印均应进行登记。

对需留存的材料应在加盖印章后，留存一份，立卷归档。如：合同、协议、领导人签批的信件草稿、印发的文件原件及文稿等。

不得在空白凭证上加盖印章。确因工作需要，由业务部门以领导机关名义颁发的凭证，需要事先加盖机关印章或套印然后填发的，经过领导批准可以盖印。但凭证要逐页编号，装订成册，由领用部门办理领用手续，按规定填发。

经过审查、登记后，即可按要求加盖印章。一般情况下，印章应加盖在落款的年、月、日处，"骑年盖月"（即印章的左边缘与落款日期的年相齐，月、日盖在印章的下面），印迹端正、清晰。

3.印章的缴销

机关或单位撤销更名或因其他原因而停用印章时，应由印章颁发机关及时收回封存或销毁。特殊情况，如机构被撤销，仅善后工作需要继续使用公章时，要指定有关机关或单位或专人妥善保管使用，待善后工作结束后及时将印章收回，并印发印章停用或作废的通知。作废的旧章用红色印油印在印模栏内。

第三类　基层事务的办理章法

一、抓好"试点"的章法

抓试点作为一种重要的工作方法和领导方法，有其自身的特点和规律。

习近平总书记在山东考察工作时，针对深化改革，提出"该试点的不要仓促推开"。这是方法论，就是试点先行、由点及面。通过试点，可以探索经验，探求规律，探讨解决问题的政策、途径和办法；可以少走弯路，减少风险，防止出现大的失误，降低决策成本。因此，抓试点的工作方法符合马克思主义认识论，体现了事物发展的一般规律，是一种重要的领导方法。机关干部，有时需要参加某项教育或推行某项任务的"试点"工作。

（一）弄清抓试点的特点和规律

（1）试点工作具有探索性。试点工作是在没有现成模式可套、没有现成经验可循、没有现成路子可走的情况下展开的，本身就是一个调查研究、探索创新、积累经验的过程，必须在实践中探索，在探索中前进，不断研究新情况，解决新问题，创造新经验，因而具有很强的开创性和探索性。

（2）试点工作具有政策性。一方面，试点工作面临许多新情况、新问题，需要认真研究和把握政策，为面上的工作提供政策指导；另一方面，试点工作具有"试验田"的作用，有些政策措施可以先在试点单位试行，通过试点进行检验和完善。

（3）试点工作具有实践性。试点的目的在于找出解决问题的途径和办法，总结出具有普遍指导意义的经验和做法，以指导面上的实践活动。因此，试点的过程，是一个从实践到认识，再到实践的过程；简言之，试点是一个从点到面的实践过程。

（二）抓好试点的基本要求

一般说来，试点工作通常包括合理布点、谋划方案、加强指导、搞好总结等四个主要环节。

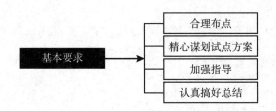

（1）合理布点。科学安排试点单位是抓好试点的首要环节。选择试点单位，要坚持有利于试点工作开展，有利于出成果、出经验的原则，既要考虑试点单位的领导力量、工作基础，看有没有承担试点任务的能力；又要考虑试点单位的地域分布和社会、经济状况，看有没有代表性。试点单位的代表性越强，通过试点探索出来的经验其适用性和指导性就越强，也就越有总结、推广和借鉴的价值。

（2）精心谋划试点方案。试点方案是试点工作的总抓手，要根据试点的指导思想、目标任务和有关要求，精心设计和谋划，使试点工作有所遵循。同时，要随着试点工作的启动和深入，逐步加以充实、完善和规范。

（3）加强指导。加强领导和指导是试点工作健康顺利进行、达到预期目的的可靠保证。试点单位和上级主管部门必须投放足够的领导精力，认真抓好。同时，要加强检查、督导，必要时可以选派蹲点组抓试点。

（4）认真搞好总结。总结是体现试点工作成果和水平的一个重要环节，必须予以重视。要通过个别走访、召开不同层次的座谈会等多种形式，深入调查研究，广泛征求意见，认真回顾和分析试点任务完成得怎么样，试点的成效怎么样，积累了哪些经验，存在哪些问题，在哪些环节、哪些方面需要引起注意，等等。在此基础上形成试点工作总结，并针对面上的工作提出具体的实施方案和意见。

（三）抓好试点的基本章法

我们以抓教育试点为例，来看一下如何抓好试点。一般来说，教育"试点"可分三个阶段。

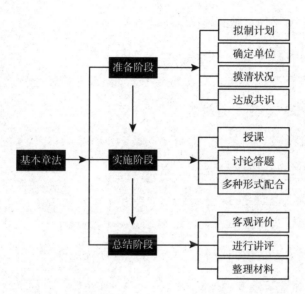

1.准备阶段

（1）拟制比教育计划更具体的试点计划；

（2）确定有代表性的试点单位；

（3）深入试点单位摸清（思想）底数、人员状况；

（4）针对问题认真备课并进行试讲；

（5）培训骨干先学一步、先行一步取得经验。

2.实施阶段

事关试点成败，要严密组织，抓好三个环节：

（1）授课。讲课是教育的基本方法，因此：

A.从该单位实际出发，讲清教育的目的——对受众的好处；

B.理论联系实际，有针对性地回答现实问题；

C.思想性、科学性、知识性、趣味性相结合，深入浅出地讲清道理；

D.建立考勤补课制度，力求时间、人员、效果三落实。

（2）讨论。课程内容的消化、深化过程，是上课的继续和补充。

A.出好讨论题，使大家有话可说；

B.适时启发诱导，及时拉回"跑题"；

C.即席解答疑难问题，深化思想观点。

（3）配合。采用多种方式方法配合，如参观访问、电化教学、图册音像、板报专刊等，填补教育时空。

3.总结阶段

总结点上经验以便面上推广。因此：

（1）客观认识教育的效果——领导评价，群众说法；

（2）对教育过程进行讲评，既讲成绩，又指出不足；

（3）汇总素材，提炼加工，写出一篇试点经验材料。

（四）抓试点要注意的问题

作为探索和创新的过程，抓好试点必须正确处理和把握五个方面的关系。

（1）点与面的关系。抓试点旨在为面上的工作探索路子，积累经验，必须着眼大局，点面结合，多研究、探讨一些普遍性、深层次的问题，多探索、总结一些全局性、政策性、指导性的模式、原则和做法，真正通过试点，创造出具有时代性、规律性并体现试点单位特色的经验来。

（2）遵循与创新的关系。创新是试点工作的核心。试点前，拟订试点方案，对试点工作提出一些遵循的原则和要求，使试点工作把握正确的方向是必要的，但必须为试点单位留下足够的创新空间，允许并鼓励试点单位在试点方案确定的总体框架和原则指导下，大胆进行探索、实践和创新，切实尊重他们的首创精神，把创新贯穿于试点工作的全过程。

（3）见成效与出经验的关系。鲜活的经验源于生动而富有成效的实践。对试点工作来讲，见成效与出经验是一个问题的两个方面，同等重要，不可偏废。见成效是基础，是前提，必须扎扎实实地抓好，不能糊弄、应付、走过场；出经验是根本，是目的，必须对试点工作每个阶段、每个环节上的做法认真进行归纳整理、总结提炼和理论升华，使之系统化、理论化、规范化，形成具有普遍指导意义的经验。

（4）总结经验与总结教训的关系。既然是试点，就难免会有失误，难免会走些弯路；换言之，试点的目的是为了出经验，但也可能出教训。经验与教训同样都是试点的成果，同样需要认真总结；总结经验是为了指导面上的工作，总结教训是为了面上的工作不走或少走弯路。

（5）试点工作与中心工作的关系。抓试点必须把握正确的指导思想，坚持以试点工作促进和带动中心工作。只有这样试点工作才有意义，通过试点总结出来的经验才有价值，才能经得起实践的检验，并为基层和群众所接受。

二、到基层蹲点的章法

蹲点是领导机关指导和服务基层最直接的形式，也是抓基层工作的传统方法和作风。一个时期根据任务要求有计划、有选择地蹲蹲点，对于转变机关作风，加强自身建设，增强指导和服务的针对性、有效性，促进各项工作在基层更好地落实具有重要的意义。

（一）蹲点的时机和去向

蹲点首先要选好点。无论是负责组织协调下基层的部门，还是要到基层蹲点的领导和机关干部，都需要合理选择蹲点的单位和时机，以收到窥一斑而知全豹、抓一点带一片、牵一发动全身的功效。

统一组织的大批次的蹲点，主要是围绕当前一个时期的中心任务、党委的主要意图和基层的实际需要，本着业务对口、突出重点、适度分布等原则安排确定。一般在年度伊始、任务转换、执行重大任务或发生重大转折、工作总结等时机安排蹲点。有突出主题的专项蹲点，需要根据蹲点的目的和意图慎重选定。抓先行试点，一般要选在建制比较健全、客观条件适中的单位；帮助赶队的宜选问题比较明显的单位；调查研究的则宜选最有代表性主题的单位。

（二）蹲点的一般程序和方法

由于蹲点的时机、任务、单位不同，蹲点抓基层的具体程序和方法也不尽一样。一般来说，主要应突出以下环节。

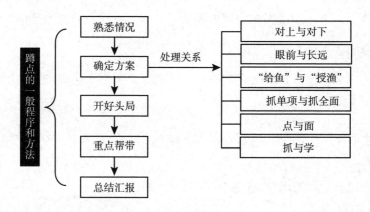

（1）熟悉情况。熟悉情况是蹲点的首要步骤，不仅蹲点过程中需要时时注意，而且在进点之前应提前着手。首先，要透彻了解上情。当确定下基层工作组时，要通过动员部署、翻阅文件和报刊、请教领导和有关部门等途径，把握上级精神，了解工作计划、工作重点，领会好党委领导意图，熟悉蹲点的任务、要求。其次，要详细掌握下情。要特别留心了解要去蹲点单位的简要历史概况，建设和发展情况的现状，特别是班子建设、党员骨干队伍素质等情况，担负的主要工作任务和总体工作安排，当前任务和进展情况，单位目前的主要矛盾，亟须解决的困难、实际问题等。掌握基层真实情况的基本方法可归纳为五个字：一是听。听所在单位或上一级的情况介绍，听其友邻的反映。二是谈。深入到群众中间进行谈心、谈话。谈话的方式应灵活，可集体座谈，也可个别交谈；谈话的面应尽量宽，既要有干部，也要有基层群众，广泛听取多方面的看法。三是看。通过查看各类登记统计，观察单位的日常工作等，体察群众的精神面貌、单位建设的工作思路、工作任务完成的标准等。四是干。跟基层群众一起参加活动，从中感受基层群众的生活、情感及苦衷。五是析。把了解的情况作去粗取精、去伪存真、由表及里的分析，把单位形势、经验教训分析透。

（2）确定方案。在掌握情况的基础上，根据党委、领导总体意图，从实际出发，确定蹲点期间的工作安排及帮助重点。根据需要还可制订蹲点方案，然后按照方案指导基层，一步一步抓落实。

（3）开好头局。打仗需要慎重初战，蹲点也需先从某一方面开好头局。可从自己最拿手而又是所蹲点单位的弱点抓起，容易迅速见效，赢得基层信任。

（4）重点帮带。蹲点指导和服务基层的内容很多，应根据所蹲点单位的实际需要确定重点，但无论蹲点的时间长短，都应从基层建设的关键环节着手。一是帮助理清建设思路。分析形势，确定工作思路，选好主攻方向和突破口。二是帮助搞好班子建设。这是蹲点的一项最重要的工作。对班子运转不力的，要帮助他们提高素质，增强驾驭能力；对组织不够健全、制度不够落实的，要帮助他们尽快上轨运行；对班子内部有隔阂矛盾的，要帮助他们消除隔阂，清除思想疙瘩和误会。三是帮助扬长避短。对所蹲点单位的强项和优势，要开动脑筋，让强项更强；对缺项或弱项，要同他们一起分析原因，确定改进的措施和办法。四是帮助解决难题。急基层所急，帮基层所需，与基层一起研究对策，攻克难点和问题。对基层无力解决的，能通过自己做工作的尽力相助，包括向上级反映请示。五是搞好传、帮、带。在具体工作中，要一点一滴地传，一招一式地帮，循序渐进地带，言传身教，讲解示范。

（5）总结汇报。蹲点结束之前，要回顾反思蹲点的体会，将经验教训诚恳地与基层的同志交流，同时也要如实地讲出对所蹲点单位的看法及希望，力求"人去影响在"。蹲点结束后，要认真总结机关指导基层建设的经验教训，以便进一步改进机关的工作作风，提高服务质量；对蹲点中了解发现的倾向性问题进行归纳，给党委领导提供信息，拿出合理化建议；将基层需要领导机关帮助解决的具体问题，反映给有关领导或机关部门，并努力协调。必要时要写出书面报告。

（三）蹲点应注意处理好的几个关系

（1）处理好对上与对下负责的关系。蹲点人员既不能瞄着上面，看风头，赶浪头，按机关的意图摆布基层，也不能一味迎合基层，看见问题不说，发现偏差不问，更不能为了取悦基层而隐忧护短，或者把短说成长。

（2）处理好抓眼前与谋长远的关系。蹲点期间，要把抓眼前工作与基层单位的长远建设结合起来，不能只图在蹲点期间红红火火地出些"速效果"，打乱基层的总体规划，更不能只为眼前变化大，让基层涸泽而渔，给基层的长远发展埋下隐患。

（3）处理好"给鱼"与"授渔"的关系。蹲点少不了对基层面对面的指导，有些工作也需要具体去干。但指导不是领导，帮助不能代替；帮助基层单位解决一些具体问题是必要的，但更需要的是多给基层干部骨干传授工作方法和要领，通过指导帮助提高他们自身的工作能力和素质。

（4）处理好抓单项与抓全面的关系。领导机关下基层蹲点，就任务性质分，有综合性的全面的，也有业务性的单项的。不管哪一类，都不能为了抓哪个单项或见效快的工作而丢下全面建设，让基层"看风使舵"，顾此失彼，甚至把中心工作放到了"次要"或"不要"的位置。要在对口帮扶的同时，兼顾其他方面的工作。只有这样，才能与基层单位合拍合力，产生最佳效能。

（5）处理好点与面的关系。蹲点，首先要做好所蹲点单位的工作，但还必须蹲在点上想在面上，通过抓点上的工作，覆盖和指导好面上的工作，以求以点带面。

（6）处理好抓与学的关系。蹲点是机关向基层学习的好机会，可以从基层学到在机关所学不到的东西。因此，蹲点者在指导服务的同时，一定不能以"钦差大臣"自居，要放下架子，虚心向基层的同志学习，以提高自己、完善自己。

三、任务交叉时办事的章法

机关干部在日常工作中，经常会遇到领导交叉布置任务的情况，如何处理好这个问题不仅是衡量一名机关干部是否称职的重要依据，而且关系到领导意图能否顺利实现。这就要求机关干部必须有很强的协调能力，善于在错综复杂的事务中，找到最佳的处理方法。否则，"胡子眉毛一把抓"，往往顾此失彼，"捡了芝麻，丢了西瓜"，欲速则不达。

（一）要善于理事

面对错综复杂的矛盾，具体做事的机关干部必须把握工作主线，牢牢抓住工作中的主要矛盾和矛盾的主要方面，时刻保持头脑清醒，思路清晰，抓住要害，站在宏观上、全局上来分析一个个具体问题，把"乱麻"理出个头绪来，分清轻重缓急，筹划落实。这样，才能使整个工作有主次，有章法，有板有眼，有序运转，忙而不乱。

（二）要讲求实效

机关工作往往是事连事，活儿压活儿，这个领导刚布置完，另一位领导又接着布置，前面没干完，后头又跟上。这就要求机关干部必须有很高的办事效率。提高效率，一是要保持昂扬的精神状态。"人，是该有点精神的"。

作为机关的具体办事人员，就更应该只争朝夕，不等不靠，紧干快干，这样才能避免工作重叠，矛盾成堆。二是要提高自身的素质和能力。对于领导交给的任务，单靠一时的工作热情，没有过硬的自身素质，是不可能出色地完成任务的。

（三）要有"超前意识"

有些同志接受任务，不假思索就硬干、蛮干，其结果只能是"心急吃不了热豆腐"，越忙越乱。因此，当"心中无数"时，不妨先静下心来，把上级的指示精神吃透、把准，预想完成任务的过程中可能遇到的问题，这样工作起来就有了指南针、方向盘。

（四）要有雷厉风行的工作作风

凡事往前赶，工作往前做，急事不过夜，小事争分秒，力求快节奏、高效率，而不能老牛拉破车，不紧不慢，晃晃悠悠。

（五）要学会"分身"

俗话说：众人拾柴火焰高。个人的能力和精力都是有限的，因而，不学点分身术，只跳"独脚舞"，就会尽管忙得焦头烂额，也难以高标准地完成任务。分身术一般应用于两种情况。一是领导交叉布置的任务时限很紧，又在同一时间内，这时就要及时汇报，讲明情况，便于领导把握工作大局，适时调整、调配力量，协调矛盾。二是领导交叉布置的任务有轻重之分时，要集中精力完成好较为重要的任务，体现急事急办的工作原则。对于时限较长、不急于办的任务，可发动群众，变"一人忙"为"大家忙"。学点分身术，并不是说把矛盾旁移，自己就不管了。一般来说，领导布置的任务，都与本业务有关，这就需要机关干部对上负责，做好参谋；对下加强指导，帮助解决问题。

总之，作为一名机关干部，对领导交给的各项任务，特别是领导交叉布置的工作任务，要区别情况，分清缓急，既要懂得工作的艺术，又要埋头苦干。

四、做好信访工作的章法

（一）新时代人民信访工作的根本遵循

党的十八大以来，习近平总书记就加强和改进人民信访工作作出了一系列重要指示和重要论述，形成了习近平总书记关于加强和改进人民信访工作的重要思想。这一重要思想的核心要义主要有：坚持党的领导的根本保证，坚持以人民为中心的主题主线，坚持维护群众合法权益的实践要求，坚持群众路线的基本方法，坚持改革创新的时代标识。这是我们做好新时代人民信访工作的根本遵循。每个机关干部都必须自觉地学习这方面的知识，掌握做好这项工作的本领。

1.信访工作的原则

（1）认真执行党的方针政策和法律。信访人的正当权益、合法要求应当满足；超出政策规定的要求，要做好疏导工作，坚决维护政策和法律的严肃性，维护党和国家的利益。必须牢固树立政策和法制观念，依法办事，按政策办事。

（2）实事求是，一切从实际出发。群众来信来访来电反映的问题涉及面广，情况复杂。有些问题，有具体政策规定；有的虽然有政策规定，但只是原则精神；有些虽然没有政策，但确有实际困难需要解决。这就要求处理信访问题时，既要坚持原则性，又要灵活掌握，在中央总的方针政策指导下，具体问题具体分析、具体对待，可以因地制宜，量力而行，采取变通的方法，积极主动地解决问题。

（3）解决问题与思想教育相结合。群众来信来访来电，既有实际问题，又有思想认识问题。对思想认识问题，既不能视而不见、听而不闻、不理不管，又不能用行政命令的方法、强制的方法加以压服，必须采取民主的方法、说理的方法、批评和自我批评的方法，进行疏导教育，帮助其解开思想上的疙瘩，提高认识。

2.信访工作的办理方法

（1）送，是指从来信来访中筛选出与各级各部门中心工作有关的情况和问题，或可能引发重大问题的苗头，或带有倾向性、普遍性的问题，送有关机关、单位领导人，为他们指导中心工作提供依据。

（2）转，是指将来信来访群众提出的问题及时转交有关部门处理。

（3）办，是指根据情况由文秘办公部门直接办理有关信访案件。

（4）查，是指文秘部门对所转出的人民群众来信来访的处理情况进行督促、催办；对所属下级部门处理人民来信来访的工作进行检查。

3.信访工作的任务

（1）为党和政府的中心工作服务。党和政府各个时期的中心工作是以社会主要矛盾及其变化为客观依据的，毫无疑义，文秘部门信访工作必须为党和政府的中心工作服务。

（2）发挥群众的民主监督作用。社会主义民主的一个重要形式，就是人民群众对党和国家政治生活的广泛监督。人民群众通过来信来访，对党和政府的工作提出批评和建议，揭露党内和政府机关的消极因素，检举违法乱纪行为，揭发坏人坏事，这是实现群众性监督的重要方面。党和政府的各级文秘部门信访工作的一个重要任务，就是要注意从来信来访来电中听取群众的意见和批评，接受群众的监督。

（3）有效地调节社会矛盾。群众来信、来访、来电，这是党和政府的各级文秘办公部门了解情况的重要渠道。通过信访工作，可以及时调整党群、政群、干群和群众之间的关系，理顺情绪，平衡心态，化解矛盾，遏止犯罪，维护良好的政治环境和社会环境，构建和谐社会，促进社会主义的物质文明建设和精神文明建设。

（二）信访工作的一般程序

信访工作包括处理群众来信和接待群众来访两个方面的内容，其具体工作程序包括以下几个方面。

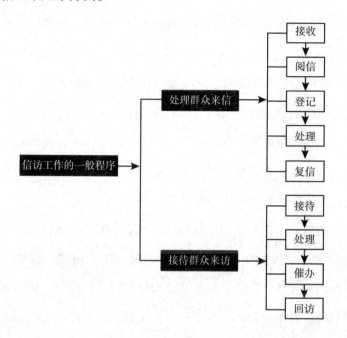

（1）处理群众来信。群众来信的方式，主要有个人来信、集体联名来信和机关单位来信等。来信内容可分为申诉、揭发检举、批评建议、询问政策、通报情况、提供信息等几种类型。就处理每一封来信说，大体要经过以下基本过程：

①接收。当日来信，当日拆封，并加盖收信章。拆封前首先按收信人单位、姓名和发信人的地址检查一下来信，看是否属于自己受理的范围，以免拆错。拆封后，要将信封、信文及其附件一并装订，做到及时、完整。

②阅信。逐字逐句地体会、理解和掌握来信者的意图、要求以及反映情况的各个过程。在此基础上，根据来信反映的问题，提出拟办意见。

③登记。在来信阅办卡片或来信登记簿上扼要注明来信人的姓名、来信时间、工作单位或家庭住址，以及来信的主要内容，并注明处理意见。

④处理。大致可分为两个步骤：一是分类，即根据来信内容和反映问题

的性质进行分类，为综合分析打下基础。二是确定来信的处理去向，根据反映问题的内容，分别呈送领导阅批，直接查处或转交有关部门。对要信、急信、带有倾向性问题的来信或较重大事件的来信等，要呈送有关领导阅批；一般的有重要问题的典型案件，可立案发函交办或直接查处；一般涉及法律或业务性较强的来信，按分级归口的原则转办。

⑤复信。及时将处理情况和结果，书面告知来信人，使群众来信件件有着落，事事有回音。在复信中要注意掌握政策，讲究礼貌，内外有别，保守机密；复信内容要字斟句酌，复制存档。

（2）接待群众来访。接待群众来访的主要程序大致如下：

①接待。对来访群众要态度热情、和蔼、以礼相待。首先，问清来访者姓名、性别、年龄、职业、住址或工作单位以及反映的主要问题，并认真加以简要记载。其次，耐心听取来访者的申诉，边听边问边记，弄清问题的实质和基本要求。再次，视情况安排来访者食宿。来访人员的食宿和路费问题，原则上自理，个别确有特殊困难的，可酌情帮助解决。

②处理。主要是依据政策，回答来访人提出的问题，指明解决问题的方法和途径。对来访人提出的合理要求而又要研究解决的，应通过电话或出具信函，请有关部门妥善处理；对来访人反映的重大问题需立案查办的，要按审批程序立案直接进行调查，查处情况由经办人写出调查处理报告，报有关领导审批后转请有关单位处理；对涉及两个以上部门、单位的案件和情况复杂的案件，可由牵头单位组织有关部门和单位联合办案；对来访者提出的不符合政策或要求过高的问题，要以明确的态度讲明不能解决的原因，做好解释说服工作；对无理取闹者，要进行批评教育，对个别态度极为蛮横、经劝说无效的，可会同公安机关予以教育和制止。

③催办。就是对已交办的来访问题经常过问，采取派人催办、打电话催办、发催办函、召开会议等方式催报结果，防止交办的问题久拖不决或"挂空挡"。

④回访。即负责信访工作的人员主动到上访人单位或家里拜访，把案件调查情况和处理意见直接与当事人见面，征求意见，以做好思想工作并顺利结案；同时，了解结案后还有什么问题或要求，巩固办案成果。回访是接待来访工作中不可缺少的一个环节，回访的重点应放在问题已得到恰当处理而思想不通的来访者身上。

（三）做好信访工作应注意的几个问题

信访工作涉及面广，情况复杂，内容纷繁，政策性很强，要切实做好这项工作，除了严格遵循一定的工作程序外，还必须注意以下几点。

（1）坚持实事求是地解决问题。实事求是，是做好信访工作的根本指导原则。信访工作人员在受理来信来访中，一定要注重调查研究，弄清事实真相，做到去伪存真，秉公而断，对来信来访做出合情合理的处理和答复，切忌主观臆断、粗枝大叶、马马虎虎的工作作风。

（2）严格掌握政策界限。对群众来信来访反映的各类问题，都必须纳入党和国家的方针、政策、法律、法令所许可的范围之中，坚持用政策法律去衡量其是否合理，用政策法律去做出处理的结论，绝不能凭感情办事、凭想当然办事，更不能另立章法、自行其是。

（3）切实做好深入细致的思想工作。群众来信来访中既有实际问题，也有思想认识问题。在信访工作中，既要按政策解决好群众的实际问题，又要把思想教育工作贯穿始终。由于来访者的素质不同，提出的要求不尽相同，因此，做好思想政治工作，必须有满腔的热情、高度的耐心和正确的方法，坚持做到区别对象、对症下药、细致入微。这样，来访者深切感受到了组织的关怀和温暖，就有利于问题的妥善解决。

（4）充分发挥机关组织的作用，坚持把问题解决在机关。信访问题大量发生在机关，最终必须由机关单位处理落实。因此，上级领导机关要注意教育和引导机关广大干部牢固树立全心全意为人民服务的思想，认真执行党的方针政策，自觉地把处理群众的信访问题作为一项义不容辞的职责，积极主动、就地及时地解决好群众反映的各种问题。

五、工作述职的章法

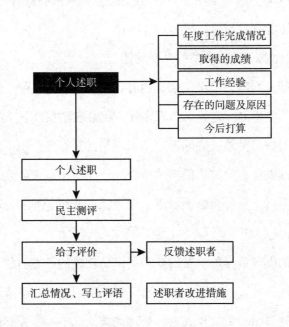

机关干部述职，是一项重要的干部考核制度，对于激励广大机关干部的事业心和责任感，更好地发挥机关在党委决策中的参谋、助手作用，有着积极的作用。

机关干部述职，一般有当面述职和书面述职两种方法，主要应采取当面述职的方法。当面述职，一般要由本部（处）领导主持，本部（处）全体人员及有关领导和机关代表参加。述职后，部门领导要采取个别交谈、民意测验、民主评议等形式，对述职情况做出客观评价，并反馈给述职者，最后再由部门领导汇总情况，写出评语，由述职者根据领导评语填写年度述职报告表，报主管干部部门存档。遇有特殊情况，也可采取书面报告的形式述职，确保该项制度的落实。无论哪种述职方法，都要严格履行程序，以保证述职的严肃性和真实性。

怎样才能做好机关干部述职工作？主要应把握好以下几个问题。

（一）认识述职的重要性

机关干部由于所处的位置和职责权限的影响，在工作中往往缺乏领导干部所具有的那种责任意识和压力感，在作述职时则容易产生"无所谓"的心理和敷衍应付的态度。因此，充分认识开展述职的必要性，增强参与述职的自觉性，是做好机关干部述职工作的重要一环。具体地讲，应当从四个方面去认识和理解。

（1）述职是"自己考核自己"的过程，有利于增强机关干部的岗位责任意识。为了搞好述职，干部必须用审视的目光来回顾自己的工作。这种审视是一种主动的"自我考核"行为，自己平时哪些工作做得好，哪些工作做得不够好，此时更容易在头脑中打下烙印，对思想产生较大的触动，从而增强岗位责任意识。相对由领导和干部部门进行的被动式考核来说。在述职中激发出的岗位责任意识往往更自觉、更主要、更长久。

（2）述职是"自己教育自己"的过程，有利于增强机关干部的积极进取意识。述职不仅是对工作的回顾，也是对经验教训的总结和概括。这就要求机关干部拿起思想分析的武器进行"自我解剖"，既看到成绩，也发现问题；既找出差距，也明白原因；既可以从成绩与经验中受到鼓舞和激励，也可以从问题与差距中明确努力方向，从而在这种"自我教育"中，不断激发出争先创优的进取意识。

（3）述职是"自己监督自己"的过程，有利于增强机关干部的自省自律意识。在述职中，干部不仅要自己解剖自己，而且要把自己放在群众面前亮相。这对于平时在工作中各管一行、各忙一摊、很少受到群众监督的机关干部来说，无疑是一次接受群众监督的好机会。平时自身要求严格，个人形象好，述职就能说服人、打动人；而平时作风漂浮，表现一般，就难免在述职时为"理屈词穷"而汗颜。这就激励机关干部必须从平时做起，从点滴做起，不断进行"自我监督"，时时做到自省自律。

（4）述职是"自己展示自己"的过程，有利于上级领导全面了解和掌握机关干部的素质情况。述职过程也是上级考核述职者的过程。尽管机关干部平时工作在各级领导眼前，但由于领导分工不同，有关领导不可能对机关干部情况了解得都十分清楚。另外，平时上级领导考核干部时，机关干部大都不好意思为自己评功摆好，说缺点往往是轻描淡写、不痛不痒。而采取述职的办法，可以使干部的思想水平、工作政绩、群众印象得到一次全面的展示，从而使领导了解到其他考核方法难以掌握到的情况，有助于领导准确把握机关干部素质，为合理使用干部提供依据。

（二）明确内容与方法

机关干部述职，一般结合年终工作总结每年进行一次。述职内容主要包括：

①年度工作目标的完成情况。其中有完成了哪些重大任务；完成任务中有哪些重点数字；完成任务后达到了什么样的效果等。

②取得的成绩。主要有哪些工作和经验被上级和机关肯定、推广；下基层、帮基层、调查研究、办实事解难题的情况；所负责的工作在上级评比中取得哪些名次，在群众中有什么良好反响；取得什么科研成果；在发挥参谋、助手作用中，自己对单位建设有一定价值的建议被领导采纳了几条以及受到何种奖励等。

③工作经验。主要是完成任务时采取了哪些行之有效的方法，有哪些深刻体会等。

④存在的问题及原因。

⑤今后的打算。包括生活、工作、学习等方面，但主要应针对存在的突出问题及下年度主要工作任务而定。

（三）抓住重点注重效果

述职面面俱到、眉毛胡子一把抓，往往是一些同志功夫下了不少而效果不尽如人意的一个重要原因。实践证明，述职如同汇报其他工作一样，只有抓住重点，拣要紧的话说，摆主要的事情，才能给领导留下深刻印象，收到较好的效果。在这个问题上，应注意把握以下几点。

（1）紧紧围绕自己的岗位职责述职，防止"站错位子"。述职就是表述自己履行职责情况的报告，也就是对自己的能、勤、绩进行自我评价的总结。所以，述职前应当先重温一下自己的职责，分清他人的"自留地"和自己的"责任田"，防止把他人分管的事扯到自己身上来，或丢掉自己所完成的工作等问题。

（2）紧紧围绕政绩突出的工作述职，不搞"面面俱到"。机关的每项工作固然都很重要，但在完成中不一定都能较好地反映出一名机关干部的各方面素质。因此，机关干部述职，不是流水账式地谈一下自己所干的每项工作，而是通过对政绩突出的工作进行综合分析，概括总结出一个人的思想状况、精神风貌、工作姿态等方面的情况。为此，述职时要防止不分大小、主次，全盘推出的材料堆砌和就事论事；在讲述政绩突出的工作时，还要注意运用最能说明问题的事例加以说明，防止"捡了芝麻丢了西瓜"。

（3）本着实事求是的精神述职，力求"文如其人"。能否恰如其分地评价自己，是衡量一个机关干部思想作风是否过硬、能否保证述职成功的关键。由于机关干部在工作上具有相对独立性，因而述职时常因自己分管的工作与众不同，带来讲成绩拔高掺"水分"，讲问题"蜻蜓点水"一带而过等问题。对此，述职者要想达到述职成功，就必须本着实事求是的精神，在述职前广泛征求他人的意见，对自己各方面的情况进行深入思考、认真剖析，述职时才能做到准确实在、文如本人。

（四）正确处理几个关系

机关干部做好述职报告，必须正确处理好以下四个关系。

（1）个人与集体的关系。述职是总结个人学习、思想、工作等情况的报告，而每个机关干部的工作、学习、生活又是融于本部（处）集体之中的。因此，在述职时既不能把自己美化成"鹤立鸡群"，也不能把自己讲得"一无是处"；既不能把个人述职游离于集体之外，也不能讲成单位的工作报告。要讲清个人的成长进步既与自己的努力分不开，同时也是在大家的关心、支持和帮助下取得的。

（2）领导与部属的关系。机关干部是从属于部门领导的办事人员，是上级领导的参谋和助手。因此，机关干部述职时，必须处理好自己与领导的关系，不能口气太大、调子太高，使人听了有哗众取宠之感。

（3）成绩与问题的关系。如何处理成绩与问题的关系，是述职者较难把握的问题之一。有的感到成绩讲多了怕别人说自己"不谦虚"，问题讲重了怕盖住成绩，影响自己的进步；还有的在这方面争功诿过，把大家一起努力取得的成绩说成是自己的，把个人应负的责任推到别人身上。为此，要正确处理这一关系，述职必须客观公正地评价自己，既要把成绩讲够、讲全，不掠人之美，又要把问题找准、"摆"细，不推诿责任，做到恰如其分、令人信服。

（4）述职报告与工作报告的关系。述职报告以反映一年来自己履行职责、思想变化、成长进步等情况为主要内容；工作报告是个人或集体完成某一项任务或某一阶段工作后所做的总结报告，以汇报完成任务情况为主，二者具有明显的区别。因此，在述职时要准确把握其不同的特点，做到分清"门户"、互不混淆，切不可把述职报告搞成大小工作的罗列和总结。

第四类 活动事务的办理章法

一、组织活动的章法和技巧

大项活动，一般是指涉及本单位全局或是对本单位有重大影响的活动，也可以是上级机关交办、本单位承办的在本系统内或是全军范围内有重大影响的活动。开展大项活动，往往涉及本单位的各个部门，需要调动各方面的积极性，秘书部门应充分发挥"综合、协调"的职能作用，统筹兼顾，周密计划，精心组织，确保大项活动的成功。

大项活动的组织与安排，一般可分为筹备、举办和总结三个阶段进行。

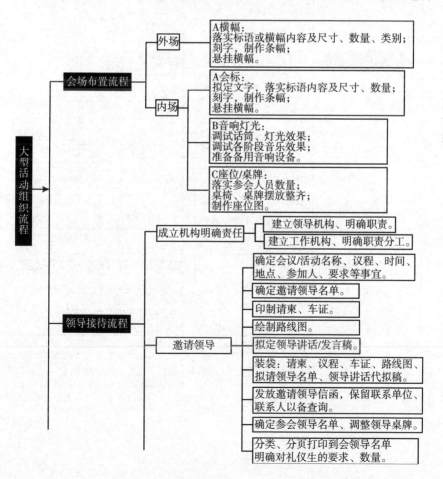

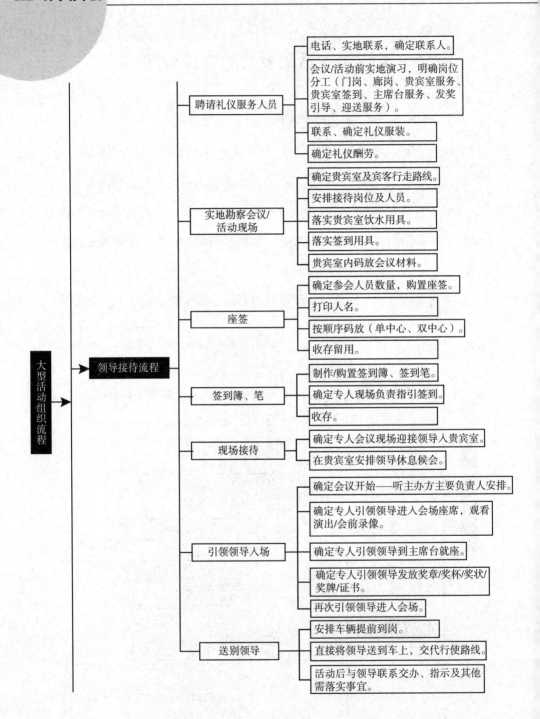

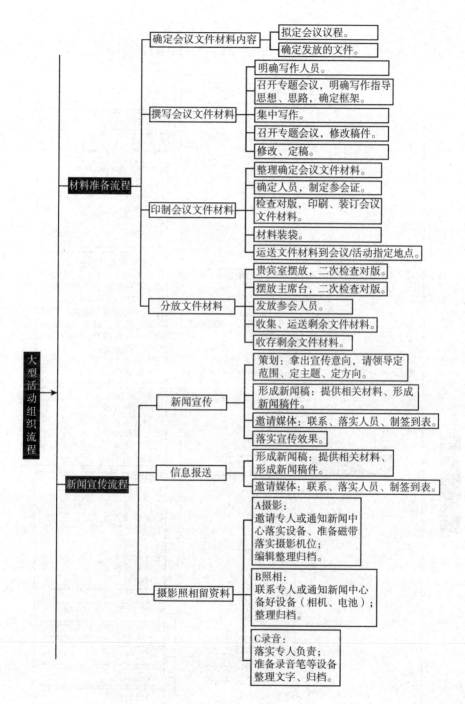

大型活动组织流程

材料准备流程
- 确定会议文件材料内容
  - 拟定会议议程。
  - 确定发放的文件。
- 撰写会议文件材料
  - 明确写作人员。
  - 召开专题会议，明确写作指导思想、思路，确定框架。
  - 集中写作。
  - 召开专题会议，修改稿件。
  - 修改、定稿。
- 印制会议文件材料
  - 整理确定会议文件材料。
  - 确定人员，制定参会证。
  - 检查对版、印刷、装订会议文件材料。
  - 材料装袋。
  - 运送文件材料到会议/活动指定地点。
- 分放文件材料
  - 贵宾室摆放，二次检查对版。
  - 摆放主席台，二次检查对版。
  - 发放参会人员。
  - 收集、运送剩余文件材料。
  - 收存剩余文件材料。

新闻宣传流程
- 新闻宣传
  - 策划：拿出宣传意向，请领导定范围、定主题、定方向。
  - 形成新闻稿：提供相关材料、形成新闻稿件。
  - 邀请媒体：联系、落实人员、制签到表。
  - 落实宣传效果。
- 信息报送
  - 形成新闻稿：提供相关材料、形成新闻稿件。
  - 邀请媒体：联系、落实人员、制签到表。
- 摄影照相留资料
  - A摄影：邀请专人或通知新闻中心落实设备、准备磁带落实摄影机位；编辑整理归档。
  - B照相：联系专人或通知新闻中心备好设备（相机、电池）；整理归档。
  - C录音：落实专人负责；准备录音笔等设备整理文字、归档。

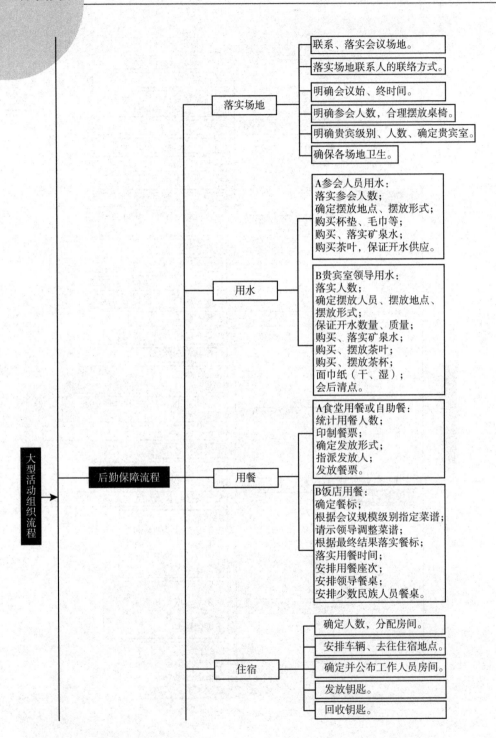

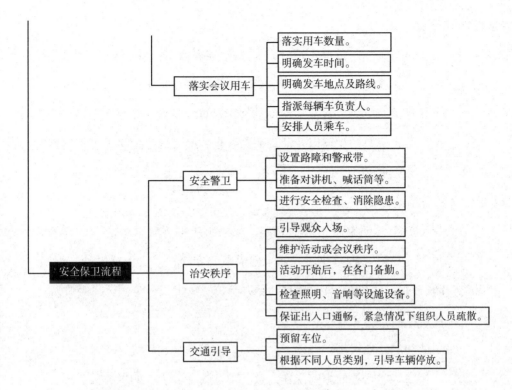

（一）筹备阶段

拟举办的大项活动，经领导批准后，秘书部门应会同有关部门全面展开筹备工作。

1.成立领导小组

根据活动的主题，按照该项活动的重要程度，由本单位主官或副职出任活动领导小组组长，也可以由部门领导担任组长，以指挥和协调筹备工作。

一般情况下，领导小组可设立以下几个分组，以便按照分工全面推进筹备工作。

（1）秘书组。主要负责整个活动的对外联络、对内协调、拟制活动计划、邀请并确定参加活动的机关内外及本单位人员等工作。

（2）会务组。主要负责会议的议程、会场的布置、座位的安排、会场的秩序等工作。

（3）材料组。主要负责各种材料的起草、领导在各种场合的讲话和主持词等，负责联系军内外宣传媒体和记者、宣传稿件的准备和发表等工作。

（4）保障组。主要负责整项活动的经费预算、饮食、住宿、车辆、来宾接送、车船及飞机票的预订以及活动所需各种物品、医疗卫生、保卫等保障工作。

2.拟订活动计划

为保证整个活动有条不紊地开展，秘书组应拟订好整个活动的详细计划，并报领导审批。活动计划一般采用表格的方式，主要包括序号、日期、起讫时间、内容、参加人员、地点、承办单位、负责人、车辆保障等要素。

3.召开筹备工作协调会

整个活动的计划安排报经领导同意后，大型活动领导小组应及时召开筹备工作协调会，商定各分组的工作人员，部署任务分工，明确相关责任，规定各项筹备工作完成的时限，分析并协调解决筹备过程中可能存在的问题与困难，以确保各项筹备工作有步骤、有计划、高质量地展开。

4.检查筹备工作进程

在大型活动正式举办日期之前，活动领导小组应对所有的筹备工作情况进行一次全方位的检查和验收，以全面了解各分组筹备工作情况，及时解决仍然存在的不足和问题。检查和验收一般在活动正式举办的二至三天前进行，如果发现准备工作不到位，可以为做好弥补工作留下较为充裕的时间。

（二）实施阶段

在各项准备工作充分就绪，各类人员到位后，按照事先确定的活动计划，活动就可以有条不紊地开展起来。

1.接待工作

举办大型活动，往往要邀请上级领导、机关领导及机关内外各方面的宾客参加。因此，负责保障的有关人员必须做好充分的准备，拟订详细接待计划，特别是接送站，要定人定位，力求万无一失，以保证整个接待工作忙而不乱、圆满顺利。

2.临时性事情的处理工作

大型活动千头万绪，各种意料之外的事情随时都可能发生，如若处理不当，会极大地影响整个活动的质量。为处理好临时性突发事情，大型活动领导小组一要在活动举办前充分考虑，周密计划，精心安排，争取把发生意料之外事件的可能性降到最低；二要制订相关的预备方案，一旦出现临时性突发事件，则可以实施预备方案；三在活动举办过程中要加强各个环节的沟通协调，防止脱节。

3.临时性的讲评工作

如果大型活动的举办时间在一天以上，领导小组应在每天活动结束后进行简要的讲评，分析当天的情况，查找存在的问题与不足，提出应注意的事项，制定相应的措施，部署第二天的任务。

4.安全警卫工作

举办大型活动，人多、车多、事情多，做好安全工作至关重要。另外，要根据警卫工作规定等有关文件的内容，制订整个活动期间对上级领导的警卫方案，以保证领导等人员的安全。

（三）总结阶段

大型活动的圆满成功，不仅表现在举办前的准备充分，举办中的组织严密，也表现在活动结束时收尾善后工作的周到细致。

1.参会人员的返回工作

活动保障组成员要提前详细了解邀请人员返回的日程和交通工具，代为购买飞机票、车票、船票，安排好送站工作。如果邀请人员自带车辆，应询问其返回的日期和路线，提供必要的帮助。有特殊情况需要特殊照顾的宾客，保障人员要根据实际情况尽量满足其需求。有些因工作需要暂时不能离开的宾客，应妥善安置其住宿、生活。

2.使用场所、物品的清理工作

举办大型活动时，需要使用各种场所和有关物品。活动结束后，应及时进行清理，列出已消耗物品的清单，将可以再次使用的物品交有关部门收存，归还从其他单位借用的物品。

3.经费结算

大型活动结束时或结束后，要尽快进行经费结算。结算项目通常按预算内容进行。一般有：耗用物品费、材料印刷费、证件制作费、办公用品费、交通费、住宿餐饮费等。有关领导和业务部门要督促财务和审计部门及时对大项活动的经费开支情况进行审核，财务和审计部门要按照预算，认真进行核销。

4.总结表彰

各项收尾工作结束后，领导小组应及时召开活动总结表彰会，总结经验，查找不足，分析原因，表彰有关单位和个人，对贡献非常突出的单位和个人，可申报立功。

二、组织好慰问活动的章法

慰问是机关经常遇到的一项工作和活动，是密切上下、左右关系的有效方式和途径。慰问活动搞好了，往往能够起到激励斗志、鼓舞人心、理顺关系、增进感情的作用。慰问通常要领导牵头出面，但大量的组织协调工作需要机关去具体承办。从实践来看，机关组织慰问活动，应把握好以下几个环节：

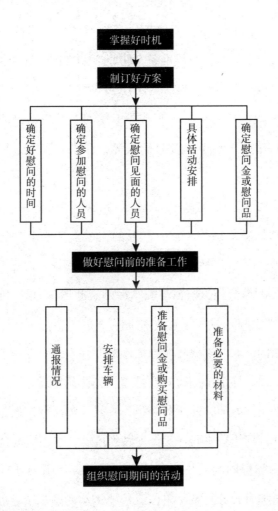

（一）要掌握好慰问的时机

机关慰问活动，一般都是有规律可循的，从大的方面看，大致有两种情况：一种是惯例性的慰问，主要是节日慰问，覆盖面较广的有元旦、春节、"八一"建军节慰问；相对集中于某一特定对象的有"三八"妇女节、"五一"劳动节、"六一"儿童节、教师节、重阳节慰问等。另一种是特殊情况慰问，如执行重大任务出征前或返回后；某些单位或个人取得重大成绩时；某些人员生病住院时；人员家庭发生重大灾祸或其他不幸时；领导专门交代的慰问等。机关干部在日常工作中，要增强主动性、敏感性，善于把握时机，对管理性的慰问，即节日慰问，可比照历年的做法，在节日来临之际，及早筹划，及早安排，及早准备，防止事到面前仓促应付；对特殊情况的慰问，要根据当时的实际，在综合考虑各方面因素的基础上，积极向领导提出建议，防止疏漏。这样，才能掌握工作的主动权，保证领导机关在与上下、左右交往中不失礼节，及时把关怀、激励、安慰送到广大群众的心坎上。

（二）要制订好慰问的方案

慰问是一项比较复杂的工作，涉及的人员多，要求时间安排紧凑，各项活动组织严密。因此，在慰问前，一定要精心筹划，加强请示报告，加强与被慰问对象的沟通协调，根据准确掌握的"此情"（领导机关这方面的情况）、"彼情"（被慰问方的情况），周密制订实施方案。

①确定好慰问的时间。要将领导活动的时间安排和被慰问方的时间安排统筹起来考虑，以领导活动的时间安排为主去协调矛盾，尽可能两方面都照顾到，最好定下具体时间，便于各方早作安排。如果慰问的是多家单位，更要把时间摆布开，把矛盾协调好，努力做到科学合理、衔接紧密。

②确定好参加慰问的人员。参加慰问的领导，由领导自定，一般情况下，主要领导参加时，分管某个单位或某项工作的副职领导也应参加；机关人员可根据职能分工确定参加人员，综合协调部门（如办公厅、办公室、秘书处等）、工作和业务上与被慰问的单位有联系的部门都应派人参加。

③确定好慰问时见面人员。领导机关进行慰问时，与哪些人员见面，牵涉到整个慰问活动的组织协调，因此，也应提早做出安排。这有三种情况：一种是慰问某个单位，一般安排与该单位领导见面，有时也可安排与部分群众见面，如春节到下属单位慰问，可以安排上级领导进家入户，到部分群众家中看望；另一种是慰问某一单位的某一群体，如"三八"妇女节慰问女同志，"五一"国际劳动节慰问职工，"六一"儿童节看望孩子，教师节慰问教

师，重阳节慰问老干部等，可以安排被慰问人员集中起来见面或选派代表见面；再一种是慰问某个人或某个家庭，如慰问某个生病住院的同志，慰问某个发生不幸的家庭等，一般安排本人和亲属见面即可。

④确定好慰问时的具体活动安排。如什么时间出发，从哪里出发，带几台车，车辆如何编队；到慰问单位什么时间，在哪里与该单位人员见面；见面后的活动如何安排，是否开座谈会（如果开，在哪里开，什么人参加等），是否合影（如果合影，在哪里合影，什么时机合影，座位如何排序等），领导是否讲话，是否看望群众（如果去看望，看望哪几家等），慰问金或慰问品在什么场合、以什么方式赠送；慰问什么时间结束，慰问结束后是否就餐等，对这些具体事宜，都要过细考虑、过细筹划，防止发生疏漏。

⑤确定好慰问金或慰问品。要本着"精神慰问为主、物质慰问为辅"的原则，参照往年的惯例，对携带慰问金或慰问品的数量及品种及时提出建议，报领导审定。

（三）要做好慰问前的准备工作

慰问方案经领导批准或大致同意后，就要立即着手展开有关准备工作。

①通报情况。及时将慰问事宜报告参加慰问的领导和应知情的有关领导，并通知机关有关部门和慰问单位，以便各方做好准备。

②安排车辆。统一乘车的，要提前告知车辆保障部门做好准备，确定司机、车辆和出发的时间、地点等，并要对参加慰问的领导和机关人员合理编组；分带车辆的，要及时通知领导和机关的有关司机，车辆多时还要进行编队；出行路线不熟悉的还要提前探清道路。

③准备慰问金或购买慰问品。携带现金或支票，应在慰问出发前一两天到财务部门及时提取，需要制作牌匾的要提前制作；携带慰问品，要提前到市场采购，可先带回几种样品供领导选择确定，需要包装的要搞好包装，提前装车。

④准备必要的材料。慰问时，如领导要讲话，则要提早准备讲话稿，在这种场合，讲话稿宜短不宜长，但要精要、精彩，符合领导身份，符合当时情境；如领导作即席讲话，不需准备讲稿，也要提供一些慰问单位或对象的有关情况，这样便于领导讲话把握。

（四）要组织好慰问期间的活动

慰问活动展开后，即便是完全按照计划方案实施的，机关人员也不能万事大吉，更何况实践远比方案要复杂得多，有些意想不到的事情随时可能发生。因此，机关工作人员要按照既定方案一丝不苟抓好落实，多留心、多操心、多费心，坚持一步一沟通、一步一组织、一步一协调、一步一督导，确保慰问活动圆满周密。具体要做到四个关注：

①关注"到位"。谋划到位了，不等于工作到位了。对人员、车辆、材料、慰问金或慰问品、慰问对象、慰问活动场所等与慰问有关的一切工作是否按计划方案落实，要多问多查，及时掌握，如有不到位的情况，要迅速补位抓好落实。

②关注"变化"。慰问活动中，常常会遇到一些特殊情况，如慰问的时间、地点、参加人员、对象，慰问的方式和具体活动等发生变化。在这种情况下，就要以变对变、以变应变，加大协调组织力度，及时调整方案、调整工作，确保不管情况怎样变化，慰问活动顺利进行。

③关注"衔接"。重要活动中，最容易"掉链子"的事在衔接处。因此，必须格外关注这一时间与下一时间、这一地点与下一地点、这一工作与下一工作、这一活动与下一活动的衔接，组织这一项，想到下一项，保证工作环环紧扣、步步落实。

④关注"节奏"。有时领导需要参加的活动比较多，日程安排比较满，如春节慰问，一天要走许多单位。在这种情况下，机关工作人员就要关注时间分配，把握工作节奏，掌握活动进度，尽量按照预定时间实施，如某一

环节时间拖长了，则在下面的环节就要安排组织得更紧凑一些，实在赶不出来，在不影响慰问整体效果的前提下，该删减的环节则删减，该合并的环节则合并，确保全局工作有序进行。

三、组织签字仪式的章法

签字仪式也称签约仪式，是指合作双方（或多方）经过磋商、讨论或谈判后，就某项重要交易或重大合作项目达成协议后，由双方代表在有关协议、协定或合同上履行签字手续的一种庄严而隆重的仪式。签字仪式有比较严格的程序及礼节规范，表明双方对合作项目的重视及对对方的尊重。办公室文秘人员应该熟悉签字仪式的组织过程，以便做好相关的安排与服务工作。

（一）做好签字仪式的筹备工作

做好签字仪式的筹备工作一般可从以下几方面着手。

1.准备签字文本

负责为签字仪式提供待签协议文本的主方应当会同对方一道，指定专人共同负责待签协议文本的定稿、校对、翻译、装订等工作，确保合同文本是正式的、不再进行任何更改的最终的标准文本，并核对各种批件、附件等是否完整准确，译本、副本是否与样本、正本相符等。

如果是涉外签字仪式，双方如使用不同的语言文字，签字文本应当用双方的文字书写印刷，具有同等效力，必要时还可以使用第三种文字。涉外签字文本印制时还应该注意在先权的问题：一是本国的文字文本在先。涉外双边会谈签字的文本如果使用各签字国的文字同时印刷，在本国保存的文本中，应该将本国的文字文本置于前面，对方的文字文本列于后面。二是本国国名在先。涉外双边会谈签字时，文本中并提双方国名或领导人（全权代表）姓名时，在本国保存的文本中，本国的国名和领导人姓名应该列在前面。三是本国签字在先。涉外双边签字缔约，本国全权代表签字的位置应该安排在本国保存的文本签字处的前面。

按照常规，应当为在协议上正式签字的双方均提供一份待签的协议文本正本，必要时还要为双方各准备一份副本。待签的协议文本应当以精美的纸张印制而成，按大八开的规格装订成册，并以高档质料如真皮、金属、软木等作为封面。

2.确定签字人员

主要包括主签人和助签人，双方主签人的身份级别应当大体相当，并需要各安排一名熟悉签字仪式的助签人员，负责为主签人翻揭签字文本，并指明签字位置。双方参加签字仪式的其他人员应当以人数相等为宜，签字时常站于双方主签人背后，见证整个签字仪式。按照规定，签字人、助签人以及相关随员在出席签字仪式时，应当穿着具有礼服性质的深色西装套装或西装套裙，并配以白色衬衫与深色皮鞋。

3.布置签字现场

签字现场的布置以庄重、整洁和安静为原则，一般选择有一定规模的大厅。一间标准的签字厅，室内应当满铺地毯。签字厅内，在大幅背景画的前面，离墙约3米远，设置长方桌作为签字桌。签字桌的尺寸长约2.5米，宽为1.3米，桌面上覆盖台布（台布颜色应考虑双方的禁忌）。铺台布时要注意平整，台布四边要自然下垂，前面下垂长度离地面约10~20厘米。将两把扶手椅分别摆放在签字桌后一半的中间位置，两椅相距1米左右，面对正门主左客右，作为双方签字人的座位。座前桌上摆放各方保存的文本，文本前方分别放置签字用的文具，如签字笔、吸墨器（纸）等，中间摆放一个旗架，悬挂签字双方的旗帜。双方的国旗须插放在各方签字人座椅的正前方。签字桌的正后方应当悬挂"×××签字仪式"字样的装饰或条幅，标明签字双方或几方的名称。

签字厅还可以根据实际需要和安排，准备庆祝用的香槟酒、香槟酒杯。香槟酒一瓶即可，酒杯视签字仪式主要代表人数而定。如果安排致辞，则可以在签字桌的右侧放置发言席或落地式话筒。

4.安排现场座次

签字时各方代表的座次由主方代为先期安排。一般而言，签字仪式座次排列有三种适用于不同情况的基本形式：

（1）并列式排法。这是举行双边签字仪式时最常见的形式。它的基本做法是：签字桌在室内居中面门横放，双方出席仪式的全体人员在签字桌之后己方签字人一侧并排排列，双方签字人员居中面门而坐，客方居右，主方居左。

（2）相对式排法。与并列式排法基本相同，不同之处是相对式排法将双方的随员席移至签字人的对面，即签字桌在室内居中面门横放，双方签字人员居内面门而坐，客方居右，主方居左，双方出席仪式的全体人员则在签字桌之前己方签字人对面并排排列。

（3）主席式排法。主要适用于多边签字仪式。它的基本做法是：签字桌仍须在室内横放，签字席仍须设在桌后面对正门的位置，但只设一个，并且不固定其就座者。举行仪式时，所有各方人员包括签字人在内，皆应背对正门、面向签字席就座。签字时，各方签字人以规定的先后顺序依次走上签字席就座签字，然后退回原处就座。

5.酌情拟订签字仪式方案

根据需要，可以事先拟订好签字仪式方案，经领导审核后执行。如果需要事先拟订签字仪式方案，其基本内容包括：①签字仪式的名称。②签字仪式的时间。③签字仪式的地点。④签字仪式的参加对象。⑤文本准备。⑥现场布置和签字物品准备。⑦签字仪式程序。⑧附件，如有些现场布置效果图可以附件形式补充说明。⑨落款，署上提交方案的机构名称和提交日期。

（二）组织签字仪式的实施

一般来说，组织签字仪式的实施可以从以下环节着手。

（1）双方入场。双方参加签字仪式的人员步入签字厅，主签字人按照主左客右位置入座，助签人员分别站立于主签字人的外侧，以便协助翻揭文本及指明签字处。其他人员分主方、客方按身份顺序站立于后排，客方人员按身份由高到低从中向右边排，主方人员按身份高低由中向左边排。当一行站不完时，可以按照以上顺序并遵照"前高后低"的惯例，排成两行、三行或四行。

（2）介绍双方。仪式主持人宣布签字仪式正式开始，并按照先客后主、职务由高到低的顺序介绍双方主要人员。然后主持人请各方领导人先后致辞，双边签字时，按先主后客的顺序；多边签字时，按签字先后的顺序。致词不是签字仪式上的必需项目。

（3）签署文本。开始签字时，每个主签字人均应当首先签署己方保存的合同文本，然后再交由对方主签字人签字（由助签人交换），其含义是在位次排列上，轮流使双方都有机会居于首位一次，以显示机会均等，双方平等。签字时，由助签人员翻开合同夹，指明合同签字的位置，签字人在其上签字。

（4）交换文本。双方签字人签字完毕，需要交换文本，相互握手祝贺，并可相互交换各自方才使用过的签字笔，以示纪念。全场人员应当鼓掌表示祝贺。交换文本由各方助签人员互相传递。

（5）饮酒祝贺。按照国际上通行的惯例，增添喜庆色彩的做法，交换文本后，一般来说，签字人当场要饮酒互相道贺。所饮用的酒水应当为香槟酒，由主方开启，有关各方人员当场饮上一杯。开香槟酒要掌握时间，不要过早或过晚，提前5分钟即可。签字仪式将要结束，两名或四名服务员端着香槟酒站在签字台两端的适当位置等候。签字结束，签字人起身握手时，服务员马上从中间主人或主宾处分别向两端客人依次礼让香槟酒，注意不要漏掉客人。

（6）双方退场。签字仪式完毕后，应当先请双方最高领导退场，然后请客方退场，最后主方退场。整个签字仪式持续的时间以半小时左右为宜。双方退场后，主方要有礼貌地送别客人，文秘人员要清理签字现场。

另外，如果是重大的、有影响的或有新闻价值的签字仪式，在签字仪式结束后还要举行新闻发布会，回答记者的提问。

主要参考书目

费尔森编著:《如何快速自动高效地完成任务》,中国商业出版社,2004年版。

陈凯元编著:《你在为谁工作》,机械工业出版社,2005年版。

李国明、史宇红著:《中层做事有章法》,广东旅游出版社,2014年版。

慧来编著:《办事的分寸》,中国审计出版社,2001年版。

方州编著:《做人办事始于社交兵法》,中国华侨出版社,2003年版。

天舒编著:《办事绝活》,光明日报出版社,2004年版。

水中鱼编著:《年轻人必学的1000个社会经验》,金城出版社,2010年版。

李问渠主编:《做一个会说话办事的人》,新世界出版社,2009年版。

宿春礼、姚迪雷编著:《办事艺术全集》,华文出版社,2009年版。

王天成著:《做需要做的事》,新华出版社,2014年版。

周伟建编著:《人生三味》,中国城市出版社,2012年版。

方一舟编著:《办事的学问》,中国铁道出版社,2014年版。

罗光乾编著:《这样做事最恰当》,北京工业大学出版社,2014年版。

吴甘霖著:《方法总比问题多》,机械工业出版社,2006年版。

聂小丹编著:《方法总比问题多》,哈尔滨出版社,2010年版。

荣融编著:《方法总比问题多》,企业管理出版社,2007年版。

刘波、吴起全著:《不找借口找方法》,世界图书出版公司,2005年版。

西武编著:《做事做到位》,中国民航出版社,2004年版。

潘德斯编著:《尽职尽责》,中国民航出版社,2004年版。

宿磊、邢群麟主编:《责任》,石油工业出版社,2005年版。

吴少银著:《勇于负责》,京华出版社,2004年版。

汪力主编:《秘书是怎样炼成的》,时事出版社,2008年版。

张传禄著:《机关的机关》,金城出版社,2005年版。

丁邦文著:《中国式秘书》,天津人民出版社,2010年版。

吕民松著:《守望精神高地:漫谈机关干部修养》,解放军出版社,2007年版。

程龙宾、杨冰编著:《像领导那样思考》,华艺出版社,2002年版。

白益进、刘锦棠:《中华办事绝学》,中华工商联合出版社,2003年版。

[美]埃德加·沙因著:《员工精神》,地震出版社,2004年版。

[美]马克斯·W.克兰萨著:《任务是这样完成的》,吉林文史出版社,2005年版。

[美]罗宾斯著:《敬业——把工作当成信仰》,朝华出版社,2005年版。

[美]凯普著:《没有任何借口II》,中国工人出版社,2004年版。